JN411828

# 옛 글로 세상 읽기

# 옛 글로 세상 읽기

**배경혜** 지음

이음과펼침

# 프롤로그

고전은 시간을 통해 검증받은 책이다. 그 안에 담긴 짧은 고사성어 하나하나에는 이 땅에서 살아온 수많은 선조들의 삶의 태도와 통찰, 그리고 지혜가 응축되어 있다. 그렇기에 고전은 오늘을 살아가는 우리에게도 여전히 귀한 길잡이가 된다.

한자 세대가 아닌 우리에게 사자성어는 쉽게 다가오지 않는다. 뜻을 모르면 해독하기 어려운 암호처럼 느껴지고, 때로는 청동기시대의 돌도끼처럼 시대에 뒤처진 '쓸모없음'으로 비춰지기도 한다.

실생활과 동떨어진 말, 굳이 알 필요 없는 옛말로 취급받는 경우도 적지 않다.

그럼에도 사자성어가 오랜 시간을 건너 지금까지 전해져 내려온 데에는 분명한 이유가 있지 않을까. 만약 부수적이거나 정말로 쓸모없는 말이었다면, 시간이 흐르며 다른 수많은 말들처럼 자연스럽게 사라졌을 것이다.

물질이 삭아 없어지듯, 기억에서도 먼지가 되어 흩어졌을 것이다. 그럼에도 살아남았다는 사실은, 그 안에 시대를 넘어서는 무엇인가가 담겨 있다는 증거처럼 느껴진다.

그 이유가 어려운 한자 속에 꽁꽁 숨겨진 삶의 지혜 때문이라고 생각한다. 25년의 사회생활 동안 고전의 문장들은 종종 나에게 위로가 되었고, 버틸 힘을 주었다. 맹자에는 하늘은 각자 감당할 수 있을 만큼의 고난을 준다는 말이 있다.

내게 큰 고난이 찾아왔다면, 그만큼 내가 큰 사람이 될 수 있기 때문이라는 해석이다. 하늘이 내게 준 고난은 나를 단련시키기 위한 과정이라는 믿음이었다.

그 말이 사실이었는지는 알 수 없다. 어쩌면 맞았을 수도 있고, 아닐 수도 있다. 그러나 그 진위는 중요하지 않았다. 내가 큰 사람이어서 고난이 왔다고 믿었기에, 그 믿음 하나만으로도 나는 다시 일어설 힘을 얻었고, 충분한 위로를 받았다.

세월이 흘러 환갑을 넘긴 지금에 와서는, 그때의 생각이 착각이었을지도 모른다는 생각이 든다. 내가 그리 큰 그릇은 아니었음을 이제는 안다.

그렇다고 해서 무엇이 달라지는 것은 아니다. 덕분에 나는 넘어지지 않고 여기까지 잘 걸어왔으니 말이다. 고전은 이렇게, 사실 여부와 상관없이 우리에게 힘을 주고 길을 내어준다.

아이를 키우고, 밥을 해 먹고, 교육비와 생활비를 벌기 위해 밤잠을 줄이며 살아가는 이들에게는, 한자가 영어도 아닌 글자, 어쩌면 아랍어보다 더 이질적으로 느껴질지도 모른다. 나는 그 이질감을 조금이나마 내려놓게 만들고 싶었다. 우리 선조들 역시 고전을 그대로 외우게 하기보다는, 속담이나 쉬운 풀이로 삶 속에 스며들게 가르치지 않았던가.

나는 고전학자도 아니고 국문학자도 아니다. 다만 내 삶 속에서 직접 겪었던 상황들을 통해, 내가 이해한 방식으로 고사성어를 풀어보고자 할 뿐이다.

# 목차



## 1부 사회생활

## 2부 조직



## 3부 영업

## 4부 교육

# 1부
# 사회생활

유수불부(流水不腐)

문질빈빈(文質彬彬)

항산항심(恒産恒心)

근묵자흑(近墨者黑)

기왕불구(旣往不咎)

수처작주(隨處作主)

실사구시(實事求是)

일이관지(一以貫之)

## 유수불부(流水不腐)

---

**流水不腐 戶樞不蠹 動也**

유수불부 호추부두 동야

흐르는 물은 썩지 않고

문의 지도리가 좀먹지 않는 이유는

변하기 때문이다.

**『여씨춘추』「진수」**

---

류(流) : 흐를 류 / 흐르다, 전하다, 번져 퍼지다

부(腐) : 썩을 부 / 썩다, 냄새가 나다

호(戶) : 집 호, 지게 호 / 집, 지게문, 구멍

추(樞) : 지도리 추 / 지도리, 근원

두(蠹) : 좀 두 / 좀

동(動) : 움직일 동 / 움직이다, 옮기다

『여씨춘추』는 중국의 최초 통일국가인 진나라의 재상이었던 여불위가 주도하여 만든 책이다. 혼란스러운 시대에 편찬되었던 만큼 지혜가 많이 들어있는 고전이다.

질서가 무너지고 기준이 흔들리던 시기에 주는 가르침은 무엇이었을까? 사상가들은 변화 자체를 두려워하는 것이 아니라 변화하지 않을 때 찾아오는 위험을 걱정했다.

흐르는 물은 흘러가며 깨끗해지지만, 고인 물은 아무리 맑아 보여도 시간이 지나면 탁해진다. 오랫동안 열리지 않는 문은 녹슬지만, 늘 열고 닫히는 문은 녹슬지 않는다. 움직임이 있기에 녹슬 시간이 없다.

해야 할 일이 있기에 내 시간을 충실하게 쓸 수 있다. 해야 할 일이 없고 놀고먹기만 하면 썩거나 좀먹거나 둘 중 하나다. 둘 다 겉으로 드러나지는 않지만 속부터 해를 입는다. 작더라도 지속적으로 변화해야 한다는 가르침이다.

유수불부(流水不腐)에서 말하는 움직임은 조급한 움직임이 아니다. 정체되지 않는 상태를 강조하는 말이다. 속도가 느려도 흐르고 있다면 썩지 않는다. 산기슭에서 졸졸 흐른 샘물이 바다로 이어진다. 한 방울씩 떨어지는 물방울이 돌조차 꿰뚫는다.

지도리가 좀먹지 않는 이유 역시 하루에 몇 번 열리고 닫히는, 아주 사소한 움직임 덕분이다. 크고 눈에 띄는 변화보다, 멈추지 않는 반복이 필요하다.

또 하나의 문제는 변화하지 않는 것이 아니라, 움직이지 않는 상태를 안전하다고 착각할 때 일어난다. 같은 자리에서 같은 방식이 반복되면 익숙해지고, 익숙해지면 편안해진다. 익숙함은 편안함을 주지만 그 안정은 도전을 포기로 바꾼다.

변화가 없다는 것은 위험이 없다는 뜻이 아니다. 오히려 변화가 멈췄다는 말에 가깝다. 아무 일도 일어나지 않는 시간이 길어진다는 것은 지금 내가 하던 일만 계속 하고 있다는 말이다.

사람을 망가뜨리는 것은 실패가 아니라 고정이다. 같은 생각을 하기에 같은 판단을 내린다. 이런 일이 반복되면 생각이 굳고 판단은 둔해진다.

고여 있는 물은 썩기 마련이다. 고정된 사고 역시 소리 없이 부패한다. 책을 읽고 공부해야 굳어 있는 머리를 깨울 수 있다.

꼭 책을 읽지 않아도 된다. 다른 생각을 할 수 있는 기회를 통해 다른 경험을 하면 된다. 미술관을 간다든가, 새로운 사람을 만난다든가의 일을 통해 사고를 유연하게 만들 필요가 있다.

움직여야 한다고 해서 반드시 직장을 옮기거나 역할을 바꾸는 선택을 할 필요는 없다. 생각을 조금 바꾸는 일, 관점을 다르게 가져보는 일, 익숙한 판단에 질문 하나를 더 던지는 일만으로도 충분하다.

소설가에게 책을 쓰는 방법을 물었을 때 해준 답변이다.

'모든 일을 낯설게 보라.'

익숙함을 낯설게 볼 때 새로움이 시작한다. 내 멈췄던 움직임을 다시 시작할 때 새로움이 생기고, 생생함이 일어난다.

오늘의 내가 어제와 완전히 같은가를 스스로에게 물어보자. 만약 똑같다면, 어제가 오늘 같고 오늘이 내일 같다면, 이미 고이기 시작했을 가능성이 크다.

그래서 삶에 멈추지 않는 삶이 필요하다. 무엇을 멈추지 않아야 하는가? 낯설게 보는 일이다. 낯설어야 새로움을 찾아내고, 새로운 행동을 시도한다. 그 변화가 사소해도 상관없다. 시작이 반이니 말이다.

**핵심 의미**

흐르는 물은 썩지 않는다.

살아있는 생명이라면 늘 변화한다. 변화를 멈추지 말자.

**고사성어로 살아가기**

고정된 자리와 사고가 사람을 부패시킨다

사회생활에서 '안정'과 '정체'를 구분하는 기준을 정하자.

늘 움직여야 살아있는 생물이다.

**고사성어로 질문하기**

내가 지금 고정되어 하는 일은 무엇인가?

고여 있는 물처럼 늘 같은 하루만 반복하지는 않은가?

흐르는 물이 되려면 무엇을 해야 할까?

## 문질빈빈(文質彬彬)

---

文質彬彬 然後君子

문질빈빈 연후군자

겉모습과 본바탕이 조화를 이룰 때

비로소 군자라 할 수 있다.

**『논어』「옹야」**

---

문(文) : 글월 문 / 문장, 글자

질(質) : 바탕 질 / 바탕, 본질

빈(彬) : 빛날 빈 / 빛나다, 아름답고 성하다

연후(然後) : 그러한 뒤

군자(君子) : 행실이 점잖고 어질며 덕과 학식이 높은 사람

『논어』는 혼란 속에서 인간이 어떤 태도로 살아야 하는지를 묻는 책이다.

공자가 살았던 시대는 예가 무너지고 말이 가벼워지던 시기였다.

사상가들이 우후죽순처럼 등장해 저마다의 주장을 쏟아냈지만, 말은 많고 책임은 없었다. 형식은 남아 있었으나, 그 형식에 걸맞은 삶을 사는 사람은 드물었다. 공자는 바로 그 지점에서 기준을 다시 세우려 했다.

겉으로 드러나는 말과 행동만으로 사람을 판단할 수 있을까. 아니면 마음속 기준과 태도만으로 충분할까.

공자는 둘 중 하나를 선택하지 않았다. 오히려 말과 마음의 균형이 무너질 때 생겨나는 문제를 경계했다. 기준 없는 말과 표현 없는 진정성, 그 사이에서 균형을 이루어야 했다.

문질빈빈이란 말은 '문(文)'과 '질(質)'의 균형을 뜻한다. 문은 겉으로 드러나는 표현이고, 질은 사람의 본바탕이다. 쉽게 말해 문은 무늬이고, 질은 그 안에 담긴 내용이다. 나는 어떤 무늬를 가지고 있는가. 그 무늬 안에는 무엇이 담겨 있는가.

선한 사람이 기부를 한다면 무늬와 본질이 어울린다. 반대로 악한 사람이 기부를 한다면, 그 행위에는 다른 의도가 개입되어 있을 가능성을 떠올리게 된다.

귀하게 만든 음식을 쓰레기통에 담는 것과 마찬가지다. 음식의 본질은 귀하지만, 담긴 무늬가 그것을 훼손한다. 포장지는 정교하고 화려한데, 안에 담긴 내용물이 부실한 경우 역시 겉과 속이 어긋난 상태다.

빈(彬)이라는 글자는 빛나다는 뜻이다. 숲(林)에 있는 무늬(彡)를 말한다.

숲의 무늬는 각양각색이다. 각각의 나무가 모여 숲을 이룬다. 우리의 마음과 태도가 모여 나라는 빛나는 존재를 만들어낸다.

무늬와 바탕 둘 중 하나가 지나치면 빛이 바랜다. 말은 번지르르한데 마음이 따르지 않으면 공허해지고, 마음은 바른데 표현이 거칠면 관계는 쉽게 어그러진다.

그래서 공자는 문과 질이 '반반 섞인 상태', 자연스럽게 어우러진 상태를 강조했다.

사람은 자신이 한 말과 태도를 늘 지켜본다. 내가 한 말이 내 마음과 어긋날수록 하루하루 불편해진다. 사회생활에서도 다르지 않다.

능력은 충분하지만 설명하지 못하면 제대로 평가받기 어렵고, 말은 능숙하지만 실력이 뒷받침되지 않으면 금세 한계가 드러난다. 겉과 속이 따로 노는 상태에서는 일을 지속하기 어렵다.

문질빈빈에서 말하는 문은 꾸밈이 아니다. 필요 없는 장식은 오히려 본질을 가린다. 누군가에게 좋은 인상을 남기려 애쓰다 보면 말이 앞설 때가 있고, 진정성을 지키려다 표현을 포기하는 경우도 생긴다.

오늘의 말과 오늘의 태도가 서로 어울리는지를 돌아보자. 겉은 단정한데 생각과 마음은 거칠지 않았는지, 마음은 바른데 표현을 게을리하지는 않았는지 스스로에게 물어볼 필요가 있다. 말과 마음이 조화를 이루는 순간 인생이 빛날 수 있다.

**핵심 의미**

겉과 속은 함께 가야 한다.

표현과 본질이 조화를 이룰 때 신뢰가 생긴다.

**고사성어로 살아가기**

말이 삶을 앞서면 공허해진다.

마음만 있고 표현이 없으면 관계가 막힌다.

늘 균형있는 삶이 되도록 노력해야 한다.

**고사성어로 질문하기**

내 말은 내 삶을 닮아 있는가?

나는 본질을 가리기 위해 표현을 쓰고 있지는 않은가?

지금 나에게 더 필요한 것은 '문'인가, '질'인가?

## 항산항심(恒産恒心)

---

**無恒産而有恒心者 惟士爲能**

**若民 則無恒産 因無恒心**

무항산이유항심자 유사위능

약민 즉무항산 인무항심

일정한 생계가 없어도

한결같은 마음을 지킬 수 있는 사람은 오직 선비뿐이다.

그러나 일반 백성은 일정한 생계가 없으면,

그로 인해 마음이 안정되지 못한다.

**『맹자』 「양혜왕 上」**

---

항(恒) : 항상 항 / 항상, 변하지 않고 늘 그러하다

산(産) : 낳을 산 / 낳다, 태어나다

항심(恒心) : 늘 일정 불변한 마음

능(能) : 능할 능 / 능하다, 능히, 재능

무언가 일을 시작할 때 가장 중요하게 여겨지는 것은 마음먹기라고들 말한다. 같은 일을 하면서도 누군가는 오래 버티고, 누군가는 금세 지친다.

능력이나 환경의 차이도 있겠지만, 그 바탕에는 결국 어떤 마음으로 시작했고, 어떤 마음을 끝까지 지켜냈는지가 놓여 있다. 마음은 하나가 아니다.

우리는 흔히 초심, 뒷심, 항심, 진심, 뱃심, 열심 같은 여러 이름으로 마음의 결을 나눈다. 이 마음들은 서로 닮아 보이지만, 실제로는 각기 다른 역할을 하며 일을 떠받친다.

초심은 처음에 품는 호기심 어린 열정이다. 아직 결과를 알지 못하기에 가능한 설렘이고, 실패의 무게를 경험하지 않았기에 가벼운 용기이기도 하다.

하지만 초심만으로는 일을 완주할 수 없다. 시간이 지나면 열기는 식고, 현실의 벽이 모습을 드러낸다. 그때 필요한 것이 뒷심이다.

뒷심은 버텨내는 힘이다. 중간에 포기하지 않고, 한눈 팔지 않으며, 흔들리는 마음을 다시 붙잡아 끝까지 끌고 가는 힘이다. 재능보다 더 중요한 것이 뒷심이라고 말하는 이유가 여기에 있다.

진심은 거짓이 없는 마음이다. 억지로 꾸미지 않고, 계산하지 않으며, 있는 그대로 마주하는 태도다. 진심이 없으면 열심도 오래가지 못한다. 열심은 온 정성을 다해 골똘히 힘쓰는 상태이지만, 그 안에 진심이 빠지면 곧 피로와 허무로 바뀐다.

뱃심은 또 다르다. 염치나 두려움에 눌리지 않고, 자기 기준을 끝까지 지켜내는 힘이다. 모두가 흔들릴 때 물러서지 않는 용기, 눈앞의 불이익을 감수하고서라도 지켜야 할 것을 붙드는 태도가 바로 뱃심이다.

그렇다면 항심은 무엇일까. 왜 어떤 사람은 한결같고, 어떤 사람은 오늘의 말과 내일의 말이 쉽게 달라질까.

흔히 성품이 변덕스럽다고 말하지만, 그것만으로 설명하기에는 부족하다. 조직을 이끄는 사람이라면 누구나 조직원이 늘 같은 태도로, 같은 에너지로 일하기를 바란다.

그 중심에 놓이는 것이 바로 항심, 변함없이 지속되는 마음이다. 그러나 항심은 의지만으로 유지되지 않는다. 그 마음을 지탱하는 조건이 필요하다.

맹자는 항심을 말하며 반드시 항산을 함께 언급했다. 일정한 생산과 생계의 기반이 있어야 마음이 흔들리지 않는다는 뜻이다.

먹고사는 문제가 불안정한 상태에서 사람에게 늘 올바르고 한결같은 마음을 요구하는 것은 현실을 외면한 이상에 가깝다. 직업과 수입, 최소한의 재산이 주는 안정감은 마음의 여유를 만들고, 그 여유가 곧 지속성을 낳는다.

항(恒)이라는 글자가 마음 심(心)에 뻗을 긍(亘)을 품고 있는 것도 우연이 아니다. 마음이 자신을 믿고 앞으로 뻗어 나갈 때, 비로소 항상성은 가능해진다.

현실적으로 말하면 그 바탕에는 돈이 있다. 성과에 따라 소득이 달라지는 영업 조직에서 "한 달 내내 힘들어도 월급날 하루만큼은 행복하게 하라"는 말이 전해지는 이유도 여기에 있다. 하루의 보상이 다음 한 달을 버티게 만드는 것이다.

나 역시 일을 시작하던 시절에는 부족했던 정보를 얻는 것만으로도 충분히 행복했다. 모든 교육이 감사했고, 출근 그 자체가 즐거웠다. 그러나 시간이 흐르자 상황은 달라졌다.

선배는 나를 더 이상 보호하지 않았다. 끊임없이 설득하고, 동기를 부여하고, 점검하며 움직이게 했다. 그 과정은 편안하지 않았지만, 그 덕분에 나는 버티는 법을 배웠다.

태어나자마자 "공부하고 싶어요"라고 말하는 아이는 없다. 배고프면 울고, 불편하면 울 뿐이다. 그럼에도 부모는 아이의 미래를 생각하며, 아이가 이해하지 못하는 시기부터 책을 읽어주고 생활 습관을 가르친다.

처음 출근한 사람도 다르지 않다. 첫 달부터 고객을 만나고, 돈 버는 법을 배우며, 일의 질서를 몸에 익혀야 한다. 이는 가혹함이 아니라 생존을 위한 훈련이다.

『주역』의 항괘는 오래 지속됨과 항구불변을 상징한다. 위에는 굳센 우레가 있고, 아래에는 순한 바람이 있어 강함과 부드러움이 조화를 이룬다.

흔들리지 않되 강압적이지 않고, 유연하되 기준을 잃지 않는 상태다. 아이를 키우는 엄마가 온화하지만 물러서지 않듯, 사람을 가르치는 이 또한 상대에 맞추되 원칙은 굽히지 않아야 한다. 그 균형 속에서 사람은 비로소 일을 지속하는 법을 배운다.

모든 훈련의 목적은 항심을 만드는 데 있다. 그리고 그 항심은 공허한 정신력 위에서 자라지 않는다. 항상스러운 소득, 다시 말해 예측 가능한 결과와 안정적인 수입 위에서 가능한 마음이다.

항심은 타고나는 성품이 아니다. 환경과 경험, 반복과 보상이 함께 만들어 내는 힘이다. 지금 우리가 애쓰고 견디는 시간은, 바로 그 한결같음을 몸에 새기는 과정이다. 그 시간을 통과한 사람만이, 오래 가는 마음을 가질 수 있다.

### 핵심 의미

꾸준함은 성품이 아니라 환경과 기반이 만들어 내는 힘이다.
항심은 훈련과 반복을 통해 길러지는 지속의 태도다.

### 고사성어로 살아가기

안정적인 소득과 삶의 조건이 마음의 흔들림을 줄이고 항심을 키운다.

### 고사성어로 질문하기

흔들리지 않는 마음을 지탱할 나만의 소득을 갖추고 있는가?
지금의 내 노력은 일시적인가 아니면 오래 지속될 구조인가?
항상 일정한 태도로 살기 위해 어떤 마음을 가져야 하는가?

# 근묵자흑(近墨者黑)

---

近墨者黑 近朱者赤

근묵자흑 근주자적

먹 가까이에 있으면 검게 물들고,

붉은 것 가까이에 있으면 붉게 물든다.

『태자소부잠』

---

근(近) : 가까울 근 / 가깝다, 닮다, 비슷하다

묵(墨) : 먹 묵 / 먹, 그을음

흑(黑) : 검을 흑 / 검다, 어둡다

주(朱) : 붉을 주 / 붉다, 둔하다

적(赤) : 붉을 적 / 붉다, 비다

‘친구 따라 강남 간다.’는 속담이 있다. 친구를 보면 그가 누구인지 안다. 단지 친구를 말하는 것이 아니다. 환경의 중요성을 두고 한 말이다.

사람은 어떤 사람과 환경을 가까이하는가에 따라 변화한다. 사람의 성품은 어떤 습관을 반복하는가, 누구와 어울리는가, 어떤 일상 환경에 있는가에 의해 만들어진다.

‘사람은 결국 환경을 닮는다’는 말만큼 현실적인 문장이 있을까. 우리는 흔히 의지로 자신을 증명한다고 생각한다. 마음만 단단히 먹으면 흔들리지 않을 것 같고, 결심만 굳으면 달라질 것 같다.

그러나 살아보면 깨닫는 것이 하나 있다. 마음은 생각보다 약하고, 의지는 생각보다 쉽게 닳는다. 닳는 의지의 자리를 채우는 것은, 언제나 주변의 힘이다.

지금 누구와 함께 있는가, 어떤 말을 듣는가, 어떤 공기를 마시는가, 무엇이 당연한 기준으로 떠다니는가. 그 안에서 사람은 조금씩 물든다.

먹은 검다. 가까이하면 검은 점이 손끝에 묻는다. 주(朱)는 붉은 안료다. 가까이하면 붉은 기운이 손에 배어든다. 내가 일부러 칠하지 않아도, 가까이 있기만 해도 손에 묻는다.

근(近)은 '가깝다'라는 뜻이지만, 단순한 거리만 말하지 않는다. 가까워지려면 빈도와 시간을 집중해야 한다. 자주 만나고 오래 함께하면, 그것이 곧 나의 일상이 된다.

일상이 되면 판단의 기준이 바뀐다. 처음에는 불편했던 것이 익숙해지고, 익숙해지면 평범하게 느껴진다. 그렇게 사람은 환경에 물든다.

이 고사성어는 단순히 "좋은 사람을 가까이하라"는 충고가 아니다. 개인의 의지로만 자신을 평가하지 말고, 먼저 환경을 점검하라는 말이다.

『순자』「권학」편에도 비슷한 말이 나온다.

**蓬生麻中 不扶自直**
**봉생마중 불부자직**

**쑥이 삼 가운데서 자라면**
**붙들어 주지 않아도 저절로 곧게 자란다**

쑥은 원래 비스듬히 자라기 쉬운 풀이다. 그런데 곧고 단단한 삼 사이에서 자라면, 스스로 곧아진다. 굽은 것을 억지로 펴는 것이 아니라, 곧은 것 사이에 두는 것만으로 방향이 바뀐다. 인간도 그렇다. 사람을 바꾸는 가장 빠른 방법은 환경이다.

순자는 인간의 본성이 악하다고 여겼다. 그냥 두면 쉽게 흐트러지고 오염된다. 악한 본성은 올바른 배움, 규범, 좋은 환경으로 교육하여 바꿔야 한다고 강조했다.

이 지점에서 우리는 교육을 다시 생각하게 된다. 누군가 아침에 일찍 나와 청소하고 인사하고 준비하는 모습을 매일 본다면, 어느 순간 그 사람도 그렇게 하게 된다. 반대로 늘 뒷담화가 떠다니고, 핑계가 지혜인 것처럼 유통되는 조직에 있다면, 누구라도 그 변명의 언어를 배운다.

교육에 있어 환경의 중요성을 가장 잘 알고 있던 사람은 맹자의 어머니였다. 아들을 잘 키우기 위해 세 번이나 이사를 갔다는 맹모삼천지교(孟母三遷之敎)는 유명한 일화이다.

요즘도 아이의 교육을 위해 학군이 좋은 곳으로 이사를 가기도 하고, 그런 곳들은 집값조차 비싸다. 그래도 이사를 가는 것이 목숨을 걸만큼 그렇게 어렵거나 심각한 일은 아니다.

맹자가 살았던 시절은 중국 전국시대, 기원전 372년 경이다. 치열한 전쟁과 경쟁이 이어지던 시기였다. 지금부터 무려 2400년 전이다. 수많은 제후들이 패권을 잡기 위해 힘을 키우고, 정치, 군사, 경제의 혁신이 끊임없이 시도되던 시대였다.

백성들은 불안한 삶을 살았다. 중세 봉건 농경사회에서 사람이 태어나면 평생 죽을 때까지, 자신이 태어난 고향 밖을 나가 보지 않고 살던 시절이었다. 낯선 장소, 낯선 이웃들 속으로의 이사는 목숨을 담보해야 했다.

맹자의 어머니는 남편과 사별하고, 혼자 힘으로 어려운 형편 속에 맹자를 키워야 했다. 누구나 꺼리는 묘지 근처에서 살아야 할 정도로 집안 형편은 어려웠다. 어머니는 그곳에서 얻을 수 있는 일거리와 먹을 것으로 아들을 키우며 목숨을 연명하며 살아내야 하지 않았을까.

시장으로 이사를 간 것은 아들이 장례사 흉내를 내는 것이 싫어서라기보다 조금 나은 일을 구할 수 있어져서, 형편이 조금 나아져서는 아닐까. 어머니는 어디서 살았든 언젠가는 반드시 서당 옆으로 이사가려고 전전긍긍, 호시탐탐 계획했을 것이다.

무엇을 보고, 듣고, 배우느냐가 아이의 성품을, 인생을 만든다는 것을 누구보다 잘 알았기 때문이다.

영업을 가르칠 때 후배들에게 하는 말이 있다. 일을 잘하고 싶으면 아무 곳에서나, 힘들다고 입 밖으로 내지 마라. 상사와 어떻게 다음 단계로 넘어갈지 대안을 의논하라. 당신의 단순한 푸념은 평판을 만들고, 자신과 동료, 후배를 오염시킬 수 있다.

또한 힘들다고 이야기하는 사람 옆에 가지 마라. 당신에게 불평과 푸념을 늘어놓은 사람은, 다시 일을 하는데, 그것을 듣는 순간 기운이 빠지고, 저런 사람도 힘들구나 생각하게 된다. 그

동료는 당신만큼 실제로 힘들 확률은 많지 않다.

그렇게 타인의 불만을 들어줬던 사람은 의기로움에, 위로하려고 시간을 냈던 일이 본인의 기운을 뺏기고, 자취를 감추기 일쑤다.

그러니 내게 기운을 주는 사람들과 가까이해라. 독소를 뱉는 사람은 멀리하고, 장미향기 같은 언행을 하는 사람을 선택하여 주위에 두어야 한다.

"나는 지금 어디에 가까이 있는가?"

사람은 결심으로 바뀌는 것이 아니라, 매일 함께 하는 것들로 바뀐다. 그래서 변화의 출발은 결심이 아니라 누구와 함께 하는지를 결정하는 일이다.

내가 가까이하는 사람을 바꾸고, 내가 가까이하는 말을 바꾸고, 내가 가까이하는 공간을 바꾸는 것. 이것이야말로 가장 현실적인 변화의 방법이다.

'사람은 환경을 닮는다'는 말은 희망이 된다. 내가 바뀌지 않는 이유를 개인의 성격 탓으로 돌리면 답이 없다. 그러나 환경 탓으로 돌리면 변화의 길이 보인다.

내일 만날 사람을 선택할 수 있고, 오늘 듣는 말을 선택할 수 있고, 지금 내 손에 들린 휴대폰 화면을 선택할 수 있다. 바로 그 선택이 어떤 것을 가까이할지를 결정한다.

작은 새조차 자신의 둥지를 썩은 나무 위에 만들지 않는다. 좋은 사람, 좋은 환경을 선택하여 스스로의 삶을 가꾸고 바꿔 갈 수 있다. 우리의 삶도 그러하다.

**핵심 의미**

내 주변 사람 다섯의 평균이 나 자신이다.

나와 가까운 누군가에 의해 삶의 기준이 정해진다.

변화의 출발은 거리 조정이다.

**고사성어로 살아가기**

나를 성장시키는 사람과 함께한다.

의지에 집중하기보다 내 환경을 바꿔본다.

나를 무너뜨리는 분위기와 멀어진다.

**고사성어로 질문하기**

나는 요즘 무엇에, 누구와 함께 하는가?

그 가까움이 내 말투, 습관, 판단을 어떻게 바꾸고 있는가?

내가 속한 곳은 어떤 곳인가?

# 기왕불구(既往不咎)

成事不說 遂事不諫 既往不咎

성사불설 수사불간 기왕불구

이미 이루어진 일에 불필요한 말을 하지 않는다.

이미 진행되어 버린 일은 다시 간언하지 않는다.

이미 지나간 일은 허물로 삼아 꾸짖지 않는다.

**『논어』 「팔일」**

설(說) : 말씀 설 / 말하다, 설명하다

수(遂) : 이룰 수 / 마치다, 끝내다, 그대로 가다

간(諫) : 간할 간 / 간하다, 바로잡아 말하다

기(既) : 이미 기 / 이미, 끝나다

왕(往) : 갈 왕 / 지나가다, 떠나다

구(咎) : 허물 구 / 허물, 죄, 탓

『논어』의 맥락은 이렇다. 노나라 임금이 제사와 관련된 질문을 던지고, 제자인 재아(宰我)가 근거가 불명확한 추측을 섞어 답한다. 공자는 그 답을 듣고, 사실 여부를 캐거나 끝까지 논파하는 대신 한 문장으로 정리해 버린다.

이미 벌어진 일을 말로 다시 해봤자 소모가 크고, 이미 흘러가는 일을 억지로 따져봤자 부작용이 생기고, 이미 지나간 일을 끝까지 따져 허물을 탓하면 관계만 망가진다는 뜻이다.

공자의 관심은 무언가를 탓하기보다는 문제를 해결하는 데 있다.

기왕불구는 책임을 없애는 말이 아니다. 책임 추궁을 '끊자'가 아니라, 추궁의 방향을 바꾸자에 가깝다. 과거를 파헤치는 방식으로 사람을 잡아두면 조직은 앞으로 못 간다.

영업 조직에서 이 장면은 너무 익숙하다. 실적이 없는 기간, 고객이 이탈한 시간. 누군가의 잘못을 따져 왜 그러한가를 끝까지 따져 묻는 회의는 자주 열린다.

그 회의가 끝나면 무엇이 남는가. 대개는 변명과 방어, 침묵과 눈치다. 다음 달의 행동 계획은 없고 책임만 지운다.

공자가 말한 "불구(不咎)"는 바로 그 지점을 끊어낸다. 이미 지난 일에 사람을 묶어두지 말라. 지나간 일을 벌로 만들지 말라. 그래야 다시 움직일 수 있다. 과거의 실수에 매인 조직은 '고여 있는 조직'이 된다.

그렇다고 해서 "아무 일도 없었던 걸로 하자"는 뜻은 아니다. 기왕불구의 핵심은 정리의 방식이다.

누가 틀렸는지를 따지기보다, 무엇이 틀어졌는지를 정리한다. 감정이 올라오는 것을 멈추고 문제부터 해결한다. 감정의 판결을 내리기보다, 재발 방지의 구조를 만든다.

기왕불구는 관계에서도 똑같이 작동한다. 부부 사이, 부모와 자녀 사이, 선배와 후배 사이. 이미 지나간 말을 다시 끌어와 상대를 탓하는 순간, 관계는 과거에서 살게 된다.

"그때도 그랬잖아"가 입에 붙으면, 우리는 현재를 살지 못한다. 지나간 것을 지나간 것으로 두어야, 오늘을 살아갈 수 있다.

이미 일어난 일은 엎질러진 물이다. 주워 담을 수도, 되돌릴 수도 없다.

며칠 전 <만약에 우리>라는 영화를 보았다. 대학생인 두 주인공이 서로의 꿈을 응원하며, 웃고, 싸우고 화해하며 뜨겁게 사랑하는 연인이었다. 그러나 어려운 현실의 벽 앞에 무너져 서로 각자의 길을 선택한다.

10년 후 우연히 다시 만나 남자 주인공이 여자 주인공과 서로의 안부를 물으며 과거를 회상한다. 자신도 모르게 사랑하는 여인을 떠나게 했던 남자 주인공이 '그때 만약에 내가"라고 물으며 오열한다.

"내가 널 놓쳤구나."

목숨처럼 사랑하던 연인을 자신의 꿈을 이루는 과정의 무게에 눌려 허덕이다 밀어내고, "네가 그때 조금만 더 기다려줬다면" 하며 원망도 한다. 결국 헤어지게 되었을 것이다.

둘 다 그 이후 더 잘되었다는 이야기와 통창에서 쏟아지는 눈부신 환한 햇살 속에 앉아있는 어릴 적 꿈을 이룬 여자 주인공의 모습으로 영화는 마무리된다.

청춘에 누구나 겪었음직한 일이다. 공항에서 각자의 길을 가며 헤어지는 첫사랑의 아쉬운 감상을 건드려 관객에게 눈물과 공감을 끌어내고 있다.

땅이 굳으려면 비가 와야 하고, 발에 밟혀 다져져야 한다. 영화 속 주인공처럼 고시원 작은 창에서 손바닥만큼 비춘 햇살을 온 거실을 채우는 통창 햇살과 대조한 감독이 우리에게 말하고 싶었던 것은 사랑이야기가 아니라 미래로 뚜벅뚜벅 걸어가라는 말이었다.

걸림돌인 과거를 디딤돌로 바꾸어 승화시켜야 눈부신 햇살의 미래가 주어진다.

**핵심 의미**

지나간 일을 다시 되돌려 후회하지 마라.

**고사성어로 살아가기**

감정보다 어떻게 해야할 지를 생각한다.

사과와 책임은 짧게, 복구와 실행은 길게 가져간다.

지나간 일은 정리하되, 다음의 해결 방식은 분명히 세운다.

**고사성어로 질문하기**

나는 지금 과거를 붙잡고 사람을 재판하고 있지 않은가?

지금 내가 느끼는 화난 감정이 문제해결에 도움이 되는가?

같은 일이 반복되지 않게 만들려면 어떻게 해야 할까?

# 수처작주(隨處作主)

---

隨處作主 立處皆眞

수처작주 입처개진

어디에 있든 그 자리에서 주인이 되면,

머무는 곳마다 모두 참됨이 된다.

『**임제록**(臨濟錄)』

---

수(隨) : 따를 수 / 따르다, 상황에 맞추다, 함께하다

처(處) : 곳 처 / 곳, 자리, 처하다

작(作) : 지을 작 / 되다, 만들다, 행하다

주(主) : 주인 주 / 주인, 중심, 책임지다

입(立) : 설 립 / 서다, 자리하다

개(皆) : 다 개 / 모두, 전부

진(眞) : 참 진 / 참되다, 진실하다

수처작주는 선종 불교에서 나온 말로, 중국 당나라 시대의 선승 임제선사의 가르침에서 비롯되었다.

"어디에 있든 그 자리에서 주인이 되어라."

수처작주는 장소가 사람을 만들지 않고, 사람이 장소를 만든다는 뜻이다. 환경에 끌려다니지 말고, 상황에 휘둘리지 말며, 어디에 있든 스스로 삶의 중심에 서라는 가르침이다.

우리는 흔히 이렇게 말한다.
"환경이 안 좋아서 못 한다."
"조건이 갖춰지면 시작하겠다."
"사람만 바뀌면 잘 될 텐데."

그러나 수처작주는 그 모든 말을 변명으로 만든다. 환경이 나를 만드는 것이 아니라, 내가 환경의 중심이 되어야 한다.

어떤 사람은 성과를 내는 반면 누군가는 불평만 한다. 같은 규정 아래서 성장하고, 같은 조건 속에서 신뢰를 쌓는다. 차이는 능력보다 태도에서 시작된다.

어떤 곳에서든 주인이 되는 사람은 상황을 탓하지 않는다. 주어진 자리에서 내가 할 수 있는 역할을 찾는다. 불완전한 조건 속에서도 책임을 선택한다.

주인이 된다는 것은 책임을 진다는 뜻이다. 누군가 해결해 주기를 기다리지 않고, 주도적으로 나서 해결의 시작점이 되는 것이다.

비 오는 날 영업이 안 된다고 사무실에 앉아 있는 사람과, 우산을 들고 나가 고객을 만나는 사람의 차이는 능력이 아니라 주인의식이다.

센터 분위기가 침체되어 있다고 투덜대는 사람과, 먼저 웃고 인사하며 기운을 살리는 사람의 차이도 마찬가지다. 누군가는 환경의 피해자로 살고, 누군가는 같은 환경에서 주인이 된다.

지위가 주인을 만드는 것이 아니라, 태도가 주인을 만든다. 불평하는 순간 삶의 주도권을 남에게 넘긴다. 반대로 작은 일부터 스스로 책임지면, 자기 인생의 주인이 된다.

삶은 완벽한 무대가 주어질 때 시작되지 않는다. 불완전한 현장에서 시작된다. 준비가 덜 된 상태에서 시작되고, 조건이 부족한 가운데에서 성장한다. 현실을 탓하는 순간 우리는 종이 되고, 현실을 책임지는 순간 우리는 주인이 된다.

매 장면마다 장소에 맞게 변화하고 몰입해야 한다. 이때 부정심이 개입하면 안 된다.

"왜 나만 하지? 언제까지 이렇지? 이렇게 해서 될까?"

이런 피해의식이 없어야 한다. 억지로 하는 것은 주인이 아니다. 항상 내가 하고 있는 것을 자발적으로 해야 한다. 온전히 상황 속의 주인공으로 살아야 한다.

주인이란 대상이나 물건을 소유한 사람이며, 집안이나 단체를 책임감을 가지고 이끌어가는 사람이다. 왕(王)보다 높은 사람(主)이 주인이다. 그런 정신을 가져야 한다.

하루는 길을 가는데 신입처럼 보이는 두 청년이 핸드폰 홍보 행사를 하고 있었다. 늘 우리 선생님들도 하는 일이라 눈여겨 보았다.

한 사람은 적극적으로 전단지를 나눠주며, 환한 웃음을 띄고, 당당하게 지나가는 사람들에게 인사하고 말을 건넸다. 핸드폰 살 의사가 없는 내게도 참 편안하고 사랑스러워 보였다.

한 사람은 말 걸기도 쑥쓰러운지 막대기처럼 굳어서 한 켠에 서있었다. 성격이 내성적이어서 용기가 필요한걸까. 아직 직업의식이 약해서일까? 많은 생각을 하게 하는 두 사람이었다.

이유가 무엇이든 만일 내가 핸드폰을 구매한다면 나는 누구에게 구매할까? 밝게 미소 지은 사람임은 두말할 필요가 없다.

내게 주어진 상황에 감사하며 두려움 없이 무소의 뿔처럼 걸어갈 용기, 감당할 마음이 주인의식이다.

주인의식의 반대는 노예근성이다. 노예를 본 적도 없는 우리지만, 얼마나 뿌리 깊은 의식인지 근성이라고 부른다. 주체성 없이 남이 시키는 일만 하고, 남의 눈치나 살피는 성향, 책임지지 않으려 하고, 당근과 채찍 앞에서만 움직이려는 행동 습성이다. 매사에 소신 있게 자발적으로 생각하고, 행동하는 주인의식을 가지려고 노력해야 하는 이유이다.

객기라는 말도 있다. 객기란 행동이나 생각이 차분하지 못하여 쓸데없이 부리는 기운이나 용기다. 혈기에서 함부로 부리는 용기다.

내게 필요한 기운과 용기가 부족하여 만용을 부리는 것 역시 주인의식이 부족한 것이다. 노예근성이나 객기 없이 자신을 믿고, 책임감과 정체성을 갖고 머무르는 모든 장소에서 자신으로 살아가기. 그것이 우리가 살아가야 할 자세이지 않을까.

나는 오늘 어떤 자리에서 살고 있는가. 피해자로 서 있는가, 주인으로 서 있는가. 조연으로 서 있는가. 아니면 주인공으로 서 있는가?

**핵심 의미**

어디에 있든 스스로 삶의 중심이 되어야 한다.

환경은 변명이 아니라 책임의 무대다.

**고사성어로 살아가기**

상황을 탓하기보다 내가 할 수 있는 역할을 먼저 찾는다.

불완전한 조건 속에서도 주도권을 스스로 쥔다.

내가 주인이라면 어떻게 해야 할지 생각해 보자.

**고사성어로 질문하기**

나는 지금 내 삶의 주인으로 살고 있는가?

지금 이 자리에서 내가 책임질 수 있는 일은 무엇인가?

조건이 좋아지기를 기다리고만 있지는 않은가?

# **실사구시**(實事求是)

---

## 實事求是

실사구시

사실에 근거해 옳음을 구한다.

『**한서**(漢書)』 「**하간헌왕전**」

---

실(實) : 열매 실 / 참되다, 실제, 사실

사(事) : 일 사 / 일, 직업, 종사하다

구(求) : 구할 구 / 찾다, 탐구하다

시(是) : 옳을 시 / 옳다, 바르다

실사구시는 말 그대로 있는 그대로의 현실에서 출발해 진리를 찾는 태도를 뜻한다. 꾸며낸 이론이나 바람, 희망 사항이 아니라 실제 벌어진 일과 현장에서 답을 찾으라는 가르침이다.

『한서』에 등장하는 하간헌왕 유덕은 책을 사랑하고 학문을 존중한 인물로 알려져 있다. 그는 고전을 연구할 때도 공허한 해석이나 미사여구보다, 기록과 사실을 중시했다. 전해 내려오는 말을 그대로 믿기보다, 실제 사례와 자료를 바탕으로 옳고 그름을 판단하려 했다. 그 태도가 바로 실사구시였다.

이론과 실제는 다르다. 탁상공론이라는 이야기가 왜 나올까. 허황된 이론이나 논의를 하며 현실성을 고려하지 않을 때 일어난다.

무언가를 배우는 것은 좋다. 그런데 막상 현장에 가보면 다르다. 이론은 완벽한데 실제는 그렇지 않다. 계획은 그럴듯한데 현실은 따라주지 않는다. 실사구시는 말보다 사실을 보고, 주장보다 결과를 확인하라는 것이다.

영업 현장에서도 이런 일이 자주 일어난다. 회의실에서는 훌륭한 전략이 쏟아진다. 막상 현장에서 실행하면 반응은 싸늘하다. 고객은 우리가 예상한 방식으로 움직이지 않고, 계획한 대로 하나도 이루어지지 않는다.

이때 두 부류로 나뉜다. 한 사람은 “위치가 안 좋아서 그래”, “경기가 안 좋아서 그래”라고 말한다. 다른 한 사람은 “왜 안 통했지?”라며 다시 살핀다. 고객의 표정, 질문, 발걸음, 계약이 성사된 순간과 이루어지지 못한 순간을 기록한다.

“열심히 했으니 잘한 거야”라는 위로나 합리화보다, “열심히 했는데 왜 결과가 없지?”를 묻는다. 감정은 잠시 접어두고 현실을 본다. 일은 되게 하는 것이다. 감정에 매몰되어 비관에 빠지거나, 슬퍼할 시간이 없다.

현실은 언제나 우리의 기대보다 거칠고, 우리의 판단보다 냉혹하다. 하지만 그 아픔을 견디는 사람만이 성장한다.

막연한 판단 대신 실제 반응을 관찰하고 기록하며 방법을 바꾸는 것, 그것이 실사구시다. 현실을 있는 그대로 보는 태도가 필요한 이유다.

조직도 다르지 않다. 실적이 떨어질 때 “요즘 애들이 끈기가 없어”라는 말은 쉽다. 그러나 실사구시의 태도를 가진 사람은 그렇게 하지 않는다.

교육이 충분했는지, 현장 지원이 있었는지, 목표가 현실적인지, 시스템이 성장에 도움이 되는지 하나하나 점검한다. 될 수밖에 없게 만든다.

사람을 탓하는 것은 가장 쉬운 해결책처럼 보이지만, 가장 무능한 방식이다. 사실을 보지 않고 감정으로 판단하기 때문이다. 실사구시는 책임을 외부로 돌리지 않는다. 현실을 직시하고, 그 안에서 바꿀 수 있는 것을 찾는다.

같은 일을 하는데 지역마다 시장이 다르고, 조직을 구성하는 사람이 전혀 다르다. 조직마다 분위기가 다르고, 현안을 바라보는 시각이 다르다. 덕분에 같은 일을 다르게 하는 모습을 본다.

일의 성과를 내는 방향은 동일하나 실천하는 방법은 각 센터마다 제각각이다. 처음에는 새로 부임한 조직에서 일을 진행할 때, 나의 과거 성공 경험이 그곳에서도 옳다고 생각한 적이 있다.

실제로는 전혀 그렇지 않았다. 호랑이와 얼룩말만큼 달랐다. 현장과 앞에 있는 사람의 특성에 맞추어 바꾸고, 적용하고 성과를 내는 것이 실사구시이다.

강의를 할 때조차 참석한 교육생의 눈높이에 맞춘다. 각 강의의 목적을 잊지 않되, 자녀 나이, 입사연차, 직급, 성과 수준 등을 미리 알아본다. 그에 맞추어 예시를 들고, 내용을 가감한다. 질문을 하고 질문을 받는다.

시대의 흐름에 뒤쳐진 제도와 관행은 버려야 한다. '나 때는' 이라는 단어를 늘 삼가야 한다. 구체적인 현실 속에 진리가 있다.

나의 작은 발걸음이 세상을 쓸모 있게 개혁하고, 실사구시는 행동강령이 된다.

허황된 목표와 도전 가능한 목표를 구분한다. 근래 성과에 대한 현황지수와 상담실력, 활동형태를 근거로 본인 임계량을 넘어가는 성과목표를 도전시킨다.

열정과 의지에 의해 도전 가능한 단기 목표와 성공 가능한 장기 목표를 구분한다. 도전에 의해 성장을 도모한다. 누적된 성장이 업그레이드 된 수준의 실력이 되도록 훈련한다.

**핵심 의미**

모든 일은 현실을 기준으로 출발해야 한다.

**고사성어로 살아가기**

감정과 추측보다 실제 결과를 먼저 확인한다.
실질적인 사실과 현실에 근거해 올바른 판단을 내린다.
몸소 실천하는 자세가 필요하다.

**고사성어로 질문하기**

지금 내가 하는 생각이 사실인가? 감정인가?
내가 믿고 있는 방식은 검증된 결과 위에 있는가,
아니면 오래된 습관에 의해 이루어진 것인가?
나는 있는 그대로 보고 있는가?

# 일이관지(一以貫之)

---

吾道一以貫之

오도일이관지

나의 도는 하나로써 끝까지 꿰뚫는다.

**『논어』「이인」**

---

오(吾) : 나 오 / 나

도(道) : 길 도 / 길, 방법, 도

일(一) : 한 일 / 하나, 근본, 중심

이(以) : 써 이 / 가지고, 통해서, 으로써

관(貫) : 꿸 관 / 꿰뚫다, 관통하다, 잇다

지(之) : 갈 지 / 그것, 이, 대상

공자가 자신의 가르침을 한마디로 요약하며 한 말이다. 제자 자공이 "선생님의 도를 한마디로 표현할 수 있습니까?"라고 묻자, 공자는 이렇게 답했다.

"나의 도는 하나로써 꿰뚫는다."

겉으로 보면 수많은 가르침이 흩어져 있는 듯하지만, 그 모든 가르침의 중심에는 하나의 원리가 흐르고 있다는 뜻이다. 공자의 제자는 그 하나를 이렇게 설명했다.

"충서(忠恕)이다."

충은 자기 마음을 다해 성실하게 하는 것이고, 서는 남의 마음을 헤아리는 것이다. 자신에게는 진실하고, 타인에게는 너그럽게 하라는 가르침이다.

우리는 종종 삶을 복잡하게 만든다. 일도 복잡하게 만들고, 관계도 복잡하게 만들고, 원칙도 복잡하게 만든다. 회사에는 수많은 매뉴얼이 생기고, 조직에는 끝없는 제도가 추가된다.

그러나 성과가 나는 조직을 보면 의외로 단순하다.
"고객에게 진심으로 대한다"

"약속을 지킨다"
"현장을 중시한다"
간단한 몇 가지 원칙이 회사의 행동 기준을 결정한다.

인생은 하나의 일관된 중심 원리가 있다. 이는 답을 하나만 가지라는 말이 아니다. 삶의 수많은 선택 앞에서 기준을 잃지 말라는 가르침이다.

말은 달라질 수 있고, 상황은 바뀔 수 있다. 그러나 그 모든 판단을 꿰는 중심이 없다면 삶은 흔들린다. 공자가 말한 도는 복잡한 규칙의 나열이 아니라, 하나의 원칙이 삶 전체를 관통하는 상태이다. 상황마다 다른 잣대를 들이대는 태도를 경계한다. 생각과 행동의 일관성을 의미한다.

25년 전 우연히 교육 영업으로 사회 생활을 시작했다. 아이들이 공부를 잘하도록 돕고 싶어서였다. 그러다 찾은 일이 지금 하고 있는 일이었다.

자신 있고 당당하게 본인의 이름을 가지고 일하는 멋진 선배들을 봤다. 그 모습을 보고 나 역시 내 명함, 내 직함을 갖고 싶었다.

일을 통해 내 성취와 자녀 교육의 성장 두 가지가 다 가능한 일이라 여겨졌다. 그때부터 내 목표는 안팎의 성장과 성공, 집안의 자녀와 집밖에서 살아가는 내 성장이 되었다.

언감생심 공자님처럼 삶의 전반을 공부하고 충과 서와 같이 귀한 말씀으로 평생을 하나의 도로 꿰뚫지는 못했다. 단지 내 앞의 절박한 문제만 붙들고, 해결하려 애썼다. 자녀교육을 위해, 사회 생활을 위해 공부하고 실천하고자 했다.

현장에서 영업을 할 때 고객 자녀의 성장과 내 자녀의 성장 두 가지를 함께 가져가려 몸부림쳤다. 내 앎의 수준만큼의 딱 그 만큼의 결과를 내며, 기우뚱했지만, 안팎의 성장을 잊은 적 없다.

관리자가 되어 센터를 운영할 때도 이 생각은 늘 기준이 되었다. 넓은 의미의 안은 내가 관리하는 센터 직원의 자녀들이었고, 밖은 직원의 성장이었다.

함께 일하는 직원들의 자녀가 구입한 책을 읽도록 궁리하며, 주말에 보게 되면 격려와 짧은 면담, 밥 먹기를 했다. 방학이면 10주간 천 권 책 읽기 캠페인을 했다. 직원들이 최고의 성과를 내도록 혹독히 훈련시키고 도전하게 만들었다.

무언가 현안이 복잡하게 얽혀 결단해야 할 때도 성과뿐만 아니라 함께 일하는 직원 자녀들의 성장은 늘 또 하나의 보이지 않는 내 판단 기준이 되었다.

많은 후배가 프로 영업인이 되었고, 상을 받고, 관리자로 승진했다. 후배의 많은 자녀들이 소소하게 자격증을 따고, 영재원에 합격하고, 대학에  진학하고, 장학금을 받았다.

내가 이해한 일이관지는 회사가 가지는 철학인 사훈, 가정이 가지는 가훈, 개인이 가지는 인생 가치관, 철학이다. 살고 싶은 방향이자 기준이다.

그 기준에 따라 매일의 작은 실천 사항들이 매순간 현안으로 떠오른다. 그때마다 흔들림 없이 자신의 색깔대로 살아가게 만드는 보물이다.

긴 인생 항로에서 길을 잃지 않고 목적지에 도착하도록 안내하는 북극성이다.

삶이 흔들릴 때 사람들은 선택을 어려워한다. 이 길이 맞는지 저 길이 맞는지 갈팡질팡한다. 그때 필요한 것이 정보가 아니라 기준이다.

"이 선택이 나의 중심과 맞는가?"
"이 행동이 내가 지키고 싶은 가치와 일치하는가?"

이 질문에 답이 되면, 복잡한 선택도 단순해진다. 그 질문에 답할 때 나만의 기준, 나만의 북극성을 찾는다.

**핵심 의미**

많은 원칙보다 하나의 중심이 삶을 움직인다.

기준이 분명할 때 삶의 흔들림이 줄어든다.

**고사성어로 살아가기**

여러 기준을 만들기보다 가장 중요한 가치 하나를 세운다.

모든 선택을 그 기준에 비추어 점검한다.

상황이 바뀌어도 중심만은 놓치지 않는다.

**고사성어로 질문하기**

내 삶을 관통하는 단 하나의 기준은 무엇인가?

지금의 선택은 그 기준과 일치하는가?

나는 편의에 따라 원칙을 바꾸고 있지는 않은가?

# 2부
# 조직

권도(權道)

화이부동(和而不同)

시중(時中)

궁즉통(窮則通)

화광동진(和光同塵)

상하동욕(上下同欲)

숭본식말(崇本息末)

조명시리(朝名市利)

## **권도**(權道)

---

男女授受不親 禮也

嫂溺援之以手者 權也

남녀수수불친 예야

수닉원지이수자 권야

남녀가 물건을 주고받을 때

서로 몸을 가까이하지 않는 것은 예(禮)이고,

형수가 물에 빠졌을 때

손으로 끌어 구하는 것은 상황에 맞춘 권도이다.

『**맹자**』 「**이루** 上」

---

수(授) : 줄 수 / 주다, 건네다, 전수하다

수(受) : 받을 수 / 받다

예(禮) : 예도 예 / 예절, 규범, 마땅한 도리

닉(溺) : 빠질 닉 / 물에 빠지다

원(援) : 당길 원 / 당기다

권(權) : 저울추 권 / 상황을 헤아려 판단함

과학 시간에 무게를 재는 양팔 저울을 본 기억이 있다. 숫자가 적힌 가로바 형태의 저울대, 두 개의 저울 접시, 수평조절 장치로 구성되어 있다. 무게를 재기 전 수평 조절 장치를 이리저리 옮겨 저울대가 수평을 이루게 해야 한다.

한쪽 저울접시가 무거워 아래로 기울어지면 가볍게 만들기 위해 수평조절장치를 받침점 쪽으로 이동한다.

반면 가벼워서 위로 올라간 저울접시는 무겁게 만들기 위해 받침점에서 멀어지도록 조정하다 보면 수평이 맞게 된다. 수평이 맞을 때 물체의 무게를 측정할 수 있다.

지금은 디지털 저울이 일반적이지만, 과거 50년 전만 해도 한약방이나 금은방, 가정에서 한 손에 들고 추를 옮겨 수평을 맞추는 저울을 흔히 볼 수 있었다.

수평조절장치인 추가 권(權)이다. 무게를 재는 추는 상황을 정확히 재는 판단력이다. 법의 상징으로 눈을 가린 채 저울과 칼을 들고 있는 정의의 여신상이 있다.

저울은 옳고 그름의 무게를 재는 기준이고 칼은 그에 따른 심판이다. 규범을 나타낸다. 저울은 공정성을 상징한다.

상도(常道)는 항상 변하지 않는 지켜야 할 보편적인 도리나 기준, 원칙을 말한다. 권도(權道)는 상도의 목적 달성을 위해 그때그때 형편에 따라 임기응변으로 일을 처리하는 방도이다.

편법이나 타협, 변명이 아니다. 상도를 살리기 위한 선택이다. 원칙을 현실에서 작동시키는 기술이다. 원칙을 살리기 위한 잠시의 조정이므로 권도를 쓰되 상도를 잊어서는 안 된다.

권도란 수평을 맞추기 위해 추를 좌우로 움직였듯이 상대와 상황에 맞추어 내 판단과 행동전략을 조정하는 것이다.

2보 전진을 위해 1보 후퇴도 가능하다. 유연함이다. 유연한(曲) 머리(頭)는 풍성한 수확(豊)을 약속한다.

노자가 이 세상의 최고 진리는 물과 같다라는 상선약수(上善若水)를 말했다. 산속 옹달샘에서 발원한 물은 흘러흘러 바다로 향하는 여행을 떠난다. 물길 따라 지형 따라 졸졸 흐르다 커다란 바위를 만나도 멈추지 않는다.

그저 바위를 돌아서 간다. 때론 넘어서 간다. 바다를 향하는 물을 말릴 수 없다. 바다는 상도이다.

바위를 만난 시냇물은 권도를 안다.

아이는 교통규칙을 익혀야 안전하게 생활할 수 있다. 신호등이 초록불에 도로를 건너고, 빨간불일 때 멈추어야 한다. 환자를 태운 응급차는 이에 해당되지 않는다.

복도에서 뛰면 안 된다. 그런데 불이 났다면? 빨리 뛰어 밖으로 나와야 한다.

상황을 정확하게 판단하는 것은 그 사람이 가진 목적에 대한 인식, 가치관, 열린 마음에 의해 결정될 것이다.

영업을 하며 신입 직원에게 먼저 원칙을 철저히 가르치고자 한다. 변용은 기본이 철저히 갖춘 상태에서 관리자와 베테랑 선배에게 필요한 능력이다. 자칫 오랜시간 공들인 인재들을 놓칠 수도 있다.

원칙을 지킬 것인가, 융통성을 발휘할 것인가? 원칙을 지키는 것이 옳은지, 고지식하고 고집스럽게 당면한 과제에 함몰될지 선택해야 한다.

내가 문제해결을 위해 현재 발휘하려는 융통성이 혹시 잘못된 방법인지, 편법인지 고민하게 되는 순간을 많이 만난다.

남의 티눈은 잘 보이는데 내 것은 들보도 잘 안 보이고, 내로남불이 되기 십상이어 더욱 그러하다.

모든 이에게 기회를 공평하게 줄 수도 있다. 더 필요한 이에게 기회를 정등하게 줄 수도 있다. 때에 따라 다른 것이 인생이다.

**핵심 의미**

원칙의 목적을 살리기 위해 상황에 맞게 조정해야 한다.

**고사성어로 살아가기**

원칙을 먼저 세우고, 필요할 때만 융통성을 쓴다.

규칙보다 본래의 목적을 우선해 판단한다.

상황·사람·때를 함께 보며 유연하게 조정한다.

**고사성어로 질문하기**

지금 나는 원칙을 지키고 있는가, 편의를 택하고 있는가?

이 융통성은 권도인가, 편법인가?

규칙을 고수하는 것이 사람과 가치를 살리는 선택인가?

## 화이부동(和而不同)

---

君子 和而不同 小人 同而不和

군자 화이부동 소인 동이불화

조화를 이루되 같아지려 하지 않고,

겉으로는 같아 보이나 화합하지 못한다.

**『논어』「자로」**

---

화(和) : 조화로울 화 / 화목하다, 온화하다, 서로 응하다

동(同) : 한가지 동 / 한가지, 무리, 합치다

부동(不同) : 같아지지 않다

불화(不和) : 화합하지 못하다

제나라 경공이 사냥에서 돌아오자
재상 안영이 경공을 모시고 있었다.
그때 마침 양구거가 달려와 경공에게 인사를 올렸다.

경공이 말했다.
"오직 양구거만이 나와 맞구나."

안영이 말했다.
"양구거는 실로 맞추는 것(同)이지 맞는 것(和)이 아닙니다."

경공이 말했다.
"화(和)와 동(同)이 다른가?"

안영이 말했다.
"다릅니다. 맞는 것은 맛있는 국을 끓이는 것과 같아서 물, 불, 식초, 젓갈, 소금, 매실을 써서 생선이나 고기를 삶는 것과 같습니다. 장작으로 불을 때고 요리사가 간을 맞춰 그 과한 맛을 덜어내면 좋은 국이 됩니다.

군신 관계도 이와 같습니다. 임금이 옳다고 한 것에 잘못된 점이 있으면 신하는 그 잘못된 것을 아뢰어 그 옳은 것을 이루게 해주고, 임금이 잘못됐다고 한 것에 옳은 점이 있으면 신하는 그 옳은 것을 아뢰어 그 잘못된 것이 없어지게 하는 것입니다. 이렇게 하면 정치가 평안해져 서로 침범하지 않아 백성들은 다투는 마음이 없게 됩니다.

그런데 지금 양구거는 그렇게 하지 않고 있습니다. 이는 마치 물로 물의 간을 맞춘 것과 같으니 누가 제대로 먹을 수 있고, 거문고 줄이 똑같아 오직 한가지 음만 나니 누가 제대로 그 소리를 들을 수 있겠습니까?"

각자의 이익이 첨예하게 부딪히는 영업현장의 조직장으로써 화(和)와 동(同)에 대해 생각한다.

동(同)의 사전적 의미는 '앞에서 말한 것과 같은'이다. 비어 있는 곳(冂)에 하나(一)의 목소리(口)만 있는 것이다. 겉으로 이견이 없이 이구동성 똑 같은 말이나 의견을 내는 것이다.

겉으로 드러난 말들이 동일한 것이 잘못된 것이 아니라 그 말이 부화뇌동했거나 패거리 짓고 겉만 일치하는 것이 문제일 것이다.

화(和)의 사전적 의미는 서로 잘 어울리는 것이다. 벼(禾)와 입(口)이라는 두 글자로 이루어져 있다.

선조들은 왜 벼와 입으로 어울림과 조화를 이룬다고 생각했을까? 입에 쌀을 넣은 것, 밥을 먹는 것, 배불리는 것. 생존을 위해서는 서로 어우러져야 한다.

농경 사회에서의 쌀은 현대 사회에서의 모든 생산과 성과를 의미한다. 물만으로는 국을 맛낼 수 없다. 악기 하나의 소리만으로는 오케스트라의 웅장함을 만들 수 없다.

많은 생산과 높은 성과를 위해 리더는 사람들의 다름과 다양성을 인정해야 한다. 공동의 목표를 향해 각자의 색깔과 모양대로 역량이 최대치로 발현되어 조화되도록 만들어야 한다.

사람은 혼자 살아갈 수 없다. 일도, 관계도, 조직도 결국은 함께 가야 한다.

우리는 자주 "맞추는 것"이 성숙이라고 착각한다. 의견을 접고, 생각을 숨기고, 불편함을 삼키는 것을 어른스러움이라 여긴다.

오래전 새로운 센터에 발령을 받았다. 두 지역의 센터를 하나로 통폐합하며 한 센터로 이사를 했다. 센터마다 지금까지 유지해 온 행사나 프로그램 운영 방식이 조금씩 달랐다.

일치하는 방향을 위해 한 마음으로 만드는 일이 필요했다. 센터장은 여러 센터를 다녀보기 때문에 다양한 방식의 운영이 있음을 알고 있으나 한 곳에서 본인들만의 방식으로 살아온 사람들은 자신의 방식의 우수성을 믿고 있다.

더구나 각자의 센터가 줄어들면서 가지게 된 피해의식이 있었다. 객관적으로 보면 별것 아닌 것이어도, 각자의 이익이 걸리게 되면 첨예하게 대립했다.

통합된 센터의 장으로서 양쪽의 후배들이 하나로 녹아들기를 바랐다. 생활하며 일어나는 반목과 질시, 불평은 사실 남북통일 같은 큰 문제로 일어나지 않는다. 본인과 연관된 아주 작고 사소한 문제에 연관되거나, 표현의 무례함 등으로 인한 감정의 얽힘이 발생한다.

큰소리가 오고 가는 것, 뒤에서 삼삼오오 수군거리는 것을 멈춰야 했다. 뭐 그리 중요하지 않은 작은 일일지라도 하나의 결과를 얻기 위해 회의 자리에서 제시된 안건에 갑론을박 모두 꺼내게 했다.

와글와글. 시끌벅적. 다른 시각, 다른 의견을 듣는다. 신속하고 빠르게 하나의 결론을 제시하여 센터장의 결론을 받아들이게 하기 보다 상대의 현안의 장단점을 인식하게 하고, 경우에 따라 양보하게 했다.

거칠지만 우리는 조금씩 상대를 인정하고 나를 인정받으며 하나의 목표를 이루어간다. 진정한 조화, 화이부동(和而不同)이 이었다.

하나의 목표를 이루어내는데 다양한 방식이 있음을 배워나간다. 상황에 맞춘 다양한 방식이 더 큰 효율임을 알아간다.

개인적인 다름을 인정하고, 상대를 수용하고, 경우에 따라 나를 주장하기도, 나를 양보하기도 하며 좌우 관계를 맺어야 한다.

조직에서 리더의 철학과 소신 아래 정확한 목표 안에서 서로를 인정하고, 조직원들이 화합하게 하는 것이 상하관계에서 리더가 가지는 화이부동의 자세이다.

악의 평범성이란 나치에 의해 자행된 유대인 학살(홀로코스트)이 광신도나 반사회적 성격장애가 아닌 상부의 명령에 순응한 지극히 평범한 사람들에 의해 진행되었음을 말하는 개념이다.

한나 아렌트는 1960년, 독일의 나치 친위대 장교였던 아돌프 아이히만이 체포되어 예루살렘에서 재판을 받는 과정을 직접 참관했고, 그 경험을 바탕으로 1963년 『예루살렘의 아이히만』을 발표했다.

재판이 시작되기 전, 사람들은 아이히만이 극단적 사디즘을 지닌 악마적 인물일 것이라 추측했다. 그러나 법정에 선 그는 지극히 평범하고, 가정적이며, 특별할 것 없는 관료의 모습이었다.

아이히만은 히틀러 직속으로 '유대인 문제의 최종 해결'을 실무적으로 총괄한 책임자였다. 그는 상관의 지시를 가장 효율적으로 집행하는 데 탁월한 능력을 보인 부하였다.

그의 사무실은 2층 건물 전체를 사용했는데, 아침이면 유대인들이 1층에서 재산을 포기한다는 서류를 작성했다. 그리고 오후가 되어 2층을 나설 때면, 유대인이라는 이유 하나만으로 여권을 박탈당한 채 해외 이주나 강제 추방의 대상이 되었다.

재판 과정에서 아이히만은 자신의 임무 수행에 대해 죄책감을 느끼지 않았다고 진술했다. 오히려 월급을 받으면서 일을 제대로 하지 못했다면 그것이야말로 양심의 가책이었을 것이라고 말했다.

그는 단지 효율을 위해 기술적으로 임무를 수행했을 뿐이며, 자신의 행위에 대해 가치 판단이나 신념의 갈등은 없었다고 주장했다. 나치즘에 동조한 것이 아니라, 무비판적으로 받아들였을 뿐이라는 태도였다.

아렌트가 이 재판을 통해 지적한 것은 '악의 평범성'이었다. 거대한 비극은 소수의 악마적 독재자만으로 이루어지지 않는다.

나치가 등장하기 전까지 평범하고 선량했던 다수의 사람들이, 생각하지 않고 판단하지 않은 채 자신의 역할을 수행했을 때 비극은 체계적으로 완성된다. 타인의 고통을 외면한 침묵과 순응은, 결과적으로 범죄에 가담한 것과 다르지 않다.

이 지점에서 공자의 말이 다시 떠오른다. 군자는 화이부동(和而不同)하고, 소인은 동이불화(同而不和)한다.

화이부동이란, 다름을 지닌 채 조화를 이루는 태도다. 옳고 그름, 선과 악에 대한 판단을 스스로 포기하지 않으면서도, 다양한 방법과 관점을 인정하고 수용하는 자세다. 자신의 역할 안에서 생각을 멈추지 않고, 판단을 유보하지 않으며, 공생과 공존을 실천하는 삶의 방식이 바로 화이부동이다.

반대로 동이불화는, 겉으로는 조직과 동일한 선택을 하면서도 그 의미와 책임을 생각하지 않는 태도다. 생각하지 않음으로써 안정을 얻고, 판단하지 않음으로써 책임을 피하는 삶이다. 아이히만의 비극은 잔혹함이 아니라, 생각하지 않음에서 비롯되었다.

화이부동은 어렵다. 그러나 생각하지 않는 동일함이 낳는 파국을 떠올린다면, 우리는 이 길을 선택해야 한다.

**핵심 의미**

같아지려 애쓰는 관계는 오래 가지 못한다.

화합이 무조건적인 동의만을 말하지는 않는다.

**고사성어로 살아가기**

다름을 숨기지 않되 관계를 깨지 않는다.

맞추는 사람이 아니라 조율하는 사람이 된다.

같음보다 조화를 선택한다.

**고사성어로 질문하기**

나는 화합을 목표로 하는가, 아니면 같아지기만 하는가?

다름을 말하지 않는 이유는 배려인가, 두려움인가?

## 시중(時中)

---

君子之中庸也 君子而時中

小人之中庸也 小人而無忌憚也

군자지중용야 군자이시중

소인지중용야 소인이무기탄야

군자의 중용은 상황과 때에 맞게 올바름을 지키는 것이고,
소인의 중용은 거리낌 없이 자기 편의대로 행동하는 것이다.

『중용』

---

군자(君子) : 덕을 갖춘 사람, 도를 따르는 사람

中(중) : 가운데 중 / 가운데에 맞추다, 중도를 지키다

庸(용) : 쓸 용 / 쓰다, 떳떳하다, 평범하다, 밝다

時(시) : 때 시 / 때, 시기

소인(小人) : 이익을 좇는 사람

忌(기) : 꺼릴 기 /꺼리다, 삼가다

憚(탄) : 꺼릴 탄 / 두려워하다, 거리끼다

시중(時中)이란 시간에 적중한다는 뜻이다. 상황이나 맥락, 시점에 알맞은 최적의 판단을 말한다. 타이밍을 맞추어 행동하는 일이다.

가는 날이 장날이다. 쇠도 뜨거워졌을 때 두드려라. 버스 떠나고 소용없다. 호미로 막을 것을 가래로 막는다. 모두 시간과 관련하여, 때에 맞는 행동이나 말이 중요하다는 이야기다.

천지인(天地人) 삼재의 이치 중 하늘의 이치는 시간에 대한 것이다. 시간을 놓치면 같은 일을 해도 동일한 성과를 얻지 못한다.

좋은 계획과 빠른 실천 둘 중 하나만 선택해야 한다면 어떤 것을 선택해야 할까. 계획도 중요하지만, 속도가 더 중요하다. 타이밍이 핵심이기 때문이다.

준비할 때, 시작할 때, 집중할 때, 떠날 때. 모든 것은 때가 있다. 적기가 있다. 아이들의 공부도 때가 있다. 학생 때 학생다워야 다음 관계인 사회 생활도 잘 할 수 있다.

일을 하는데도 마찬가지다. 충분히 설득이 되었다면 고객이 고개를 끄덕이거나 눈빛이 흔들리거나, 몸이 상담자 앞으로 가까이 오는 비언어적 신호를 놓치면 안 된다.

"얼마예요?", "그래서 우리 아이는 어떻게 해야 할까요?"라는 언어적 신호는 말할 필요도 없다. 계약서를 꺼낼 때이다. 이

때를 놓치면 계약은 물 건너 간다.

조직장으로 모두의 의견을 존중하고 화합해야 할 때가 있고, 조직장의 의지대로 하나의 목표를 향해 몰아쳐 집중할 때가 있다. 모두의 의견을 수용하고 존중할 때는 자타 모두 평안하지만, 반대의 의견을 설득해 리더의 의도대로 정신없이 몰아갈 때는 쉽지 않다.

설득할 시간이 부족한 긴박하고 중요한 사안은 리더의 판단에 따라야 한다. 그런 긴박하고 절박한 상황이 늘 있는 것은 아니다.

자연의 변화에 직접적인 영향을 받는 직업인 1차 산업, 농사는 가장 직관적으로 때에 맞추어야 한다. 농부는 하늘의 구름과 별과 날씨를 면밀히 관찰하고 어부는 바람과 파도를 관찰한다.

벼를 심어야 할 때, 보리를 심어야 할 때를 주위 환경을 관찰하고 행동해야 할 때를 알아차렸다. 주변 관찰로 시중을 본능적으로 알았다. 때를 알아야 생존했다.

3차를 거쳐 4차 산업 혁명 시대인 지금, 환경과 상관없는 일을 하는 현대인은 주변과 무관하게 직업을 가지고 생활한다. 시간을 시계로, 심지어 디지털 기기로 알게 된 뒤 인간은 시간을 나타내는 주변 환경 관찰에 대한 절박한 필요성을 잃어버리게 되었다.

시간은 알지만 그 시각에 우리가 해야 할 일을 파악하는 동물적 본능은 퇴화되었다. 때를 느끼지 못하고, 시기를 판단하는 훈련되지 않은 우리는 나 중심이 되어 상황, 관계에 대한 촉이나 눈치가 없어지고 있다.

요새 용어로 낄끼빠빠이다. 낄 때 끼고 빠질 때 빠져야 한다. 단지 대화에서만이 아니라 타이밍을 알고 시중이라는 때에 적중하게 행동하는 것은 성공에 절대적으로 필요한 조건이다.

**핵심 의미**

같은 행동도 타이밍에 따라 결과가 달라진다.

**고사성어로 살아가기**

분위기와 신호를 보고 판단 후 행동한다.

완벽한 준비보다 적기 실행을 중시한다.

상황에 따라 경청할 때와 밀어붙일 때를 구분한다.

**고사성어로 질문하기**

지금은 해야 할 때인가, 기다릴 때인가?

나는 상황을 보고 있는가, 내 생각만 앞세우는가?

지금 놓치면 어떤 기회를 잃는가?

## **궁즉통**(窮則通)

窮則變 變則通 通則久

궁즉변 변즉통 통즉구

막다른 데 이르면 변하게 되고,

변하면 통하게 되며,

통하면 오래 지속된다.

『**주역**』「**계사전**」

궁(窮) : 궁할 궁 / 다하다, 극에 달하다, 가난하다

변(變) : 변할 변 / 변하다, 움직이다, 변경하다

통(通) : 통할 통 / 통하다, 알리다

구(久) : 오랠 구 / 오래다, 오래 머무르다

누구나 인생을 살다 보면 어두운 동굴 속에 갇힌 것처럼 꽉 막혀서 앞뒤가 보이지 않는 상황에 처하는 경우가 있다. 궁지에 몰린 것이다. 대부분의 사람들은 본인의 감당력에 따라 상황에 함몰되기도 한다.

그런 상황은 일에서도, 돈에서도, 관계에서도, 가족에서도 건강에서도 올 수 있다.

내가 처한 상황에 대한 반응은 각양각색이다. 왜 나만 그러는 것인가에 대해 하늘에, 사회에, 심지어 자신에게조차 원망하고 감정의 늪에 빠져 불평과 불만으로 시간을 보낼 수 있다. 자책, 자기연민, 열등감, 우울증에 빠져 자학하기도 한다.

이미 끝난 일이라고 포기하고 주저앉아 무기력하게 아무 것도 하지 않아 상황을 더 악화시킬 수도 있다.

누구나 마음대로 처한 상황을 끝낼 수가 없다. 목숨이 붙어 있는 한 무언가를 해야 한다. 그것이 인간의 소명이다. 하늘이 무너져도 솟아날 구멍이 있다.

선인들은 이를 한 문장으로 정리했다. 궁하면 변해야 하고, 변하면 통한다. 통하면 오래 지속된다.

숨이 목에 찬 사람들에게 궁즉통이라고 소리친다. 지금 궁해도 통할 수 있다.

궁리해야 한다. 가만히 들여다보고 이치를 살핀다. 내가 살아온 방식, 수준을 한 단계 올려야 하는 상황이라는 하늘의 숙제이다.

문제를 일으킨 수준의 사고로는 문제를 해결할 수 없다. 앞으로 나아가야 해결할 열쇠를 얻을 수 있다.

사업이 원활하지 않은 후배가 있었다. 회사에서 일한지 오래되고, 부진한 성과를 유지한지도 오래되어 자존심이나 자신감이 상실되어 있었다. 조직이 노후화되어 함께 일할 사람이 없었다. 겨우 신입을 한 명 정착시킨 상태였다.

오래 일했으나 매출과 조직에서 크게 성과가 나지 않는 것을 몹시 부끄러워했다.

그런데 어느날 오전부터 바쁘게 여러 날을 분주히 움직여 무슨 일인지 물었다. 개인 체험센터를 계약하려 한다는 것이었다. 초등학교 근처, 대로변의 유동인구가 많은 곳이라 신규 고객을 확보하기에 적합한 장소였다.

더 이상 물러설 곳이 없다고 판단한 지국장은 자신의 변화를 강제하기 위해 벼랑 끝으로 자신을 몰아붙였다. 우리 일의 핵심인 신규 고객과의 접점기회를 늘릴 수 있는 곳에 대한 투자로 변화를 시도했다.

서툴러서 처음에는 성과가 없었다. 그럼에도 매일 적극적으로 활동했다. 매일의 활동은 본인에게도, 조직에게도 생기를 불어넣었고, 그 활기는 멈추어 있던 조직을 서서히 움직이게 만들었다. 이후 정상화된 상태로 지금도 그녀는 현장을 굳건히 지키고 있다.

삶은 막히면 변해야 할 시점이라는 메시지를 보낸다. 알을 깨면 땅바닥을 기어다니던 애벌레 시절을 뒤로 하고 푸르른 창공을 날아 다니며 꿀을 빨 수 있는 나비로 변할 수 있다. 그러기 위해 위험하고 힘든 번데기의 시절을 거쳐야 한다.

변하면 통하고, 통하면 멋진 단계의 삶으로 오래 살 수 있다. 물론 다시 낡고 식상해지거나, 오만해져 주어진 복을 다 탕진하면 새로운 막다른 골목에 다다르게 될테지만 말이다.

그러면 어떠한가. 우리는 다시 새로운 성장, 성숙을 위해 변할 준비가 되어 있으니 두렵지 않다. 그러니 무엇이 문제인가. 매 순간, 현재를 감사히 살 뿐이다. 카르페디엠. 지금 이 순간에만 충실하자.

궁하면 저절로 변할까? 변해야 통하고, 통해야 오래 유지된다. 변하지 않으면 불통, 불통하여 막히면 망하고 죽는다.

궁즉통의 핵심은 변하려는 사람의 의지와 핵심을 변화시켜야 하는 지혜와 변할 때까지의 지속적인 노력이다.

《탈무드》에는 우유에 빠진 세 마리 개구리 이야기가 나온다.

사이좋은 아기 개구리 세 마리가 살고 있었다. 어느 날, 사람 사는 마을로 가지 말라는 엄마의 당부를 듣지 않고 농가로 놀러 갔다. 한참을 뛰놀던 개구리들은 식탁 위에 놓인 우유통을 발견했고, 앞뒤 생각도 없이 그 안으로 뛰어들어 배부르게 우유를 마셨다.

문제는 그 다음이었다. 배를 채우고 나가려 했지만 우유통 안은 너무 미끄럽고 높아 도저히 빠져나올 수 없었다. 첫 번째 개구리는 잠시 허우적거리다 이내 "이미 틀렸다"며 절망했다. 팔다리에 힘을 빼고, 그대로 우유통 바닥으로 가라앉고 말았다.

두 번째 개구리와 세 번째 개구리는 서로를 격려하며 힘을 내보자고 다짐했다. 처음에는 점프도 해보고, 벽을 붙잡아 매달려 보기도 하며 필사적으로 탈출을 시도했다. 그러나 아무리 애써도 상황은 달라지지 않았다. 노력은 계속됐지만 성과는 없었다.

마침내 두 번째 개구리의 팔과 다리에도 한계가 왔다. 할 수 있는 모든 노력을 다했지만 변함없는 현실 앞에서 깊은 좌절에 빠졌다. 그 좌절이 마음을 집어삼키는 순간, 두 번째 개구리 역시 힘을 놓고 우유통 바닥으로 가라앉았다.

마지막으로 남은 세 번째 개구리는 우유통 밖의 하늘을 올려다보며 끝까지 희망을 놓지 않았다. 살아남겠다는 생각 하나로 오른쪽도 가보고, 왼쪽도 가보고, 위아래로 쉼 없이 몸을 움직였다.

그때였다. 세 마리가 함께 휘저었던 우유가 조금씩 굳어 버터로 변하기 시작한 것이다. 바닥이 서서히 높아지고 있다는 사실을 깨달은 개구리는 다시 마지막 힘을 다해 우유를 휘저었다.

마침내 단단해진 우유 위를 딛고, 세 번째 개구리는 힘껏 뛰어 우유통 밖으로 탈출하는 데 성공했다.

우리가 빠진 궁지는 내가 자초한 것일 수도 있고 아닐 수도 있다. 그것은 중요하지 않다.

다만 내가 진인사(盡人事)라는 힘을 다하면 하늘로 솟을 구멍을 찾을 수 있다. 그 구멍은 나를 다른 세상으로 데리고 간다.

### 핵심 의미

늘 변화하는 인생을 만들어야 한다.

오래 지속되어 힘들어질 수 있으니, 늘 변화를 시도해보자.

### 고사성어로 살아가기

결과를 계산하기 전에, 할 수 있는 노력을 끝까지 다한다.

뜻을 잃지 않는 사람은 결과를 이루어낸다.

같은 조건에서도 끝까지 행동하면 다른 결과를 만들어낸다.

### 고사성어로 질문하기

내가 현재 처한 상황은 무엇인가?

어떤 변화를 거쳐야 내게 닥친 어려움을 바꿀 수 있을까?

이 어려움은 나를 멈추게 하는가, 방향을 바꾸게 하는가?

## 화광동진(和光同塵)

---

和其光 同其塵

화기광 동기진

빛을 누그러뜨리고,

세속의 먼지와 함께한다.

『도덕경』

---

화(和) : 화할 화 / 조화롭다, 화합하다

기(其) : 그 기 / 그것의

광(光) : 빛 광 / 빛, 드러남, 재능

동(同) : 같을 동 / 함께하다, 섞이다

진(塵) : 티끌 진 / 먼지, 속세, 세상

화광동진은 자신의 빛을 드러내지 않고, 부드럽게 누그러뜨려 세상의 티끌과 함께 한다는 의미다. 자신의 지혜와 덕을 밖으로 드러내지 않고 조직과 잘 어울려 지내며 공을 주장하지 않는다.

세상의 큰 돌도 아니고, 세상의 티끌과 같아지라는 것은 무슨 뜻인가? 적극적으로 빛을 줄여 상대와 조화를 이루어야 한다.

리더는 본인이 속한 조직의 상황에 맞추어 성과가 날 수 있도록 환경을 마련하는 것이 본업이다. 그 속에서 조직원들이 스스로 자신들이 성과를 이루었다고 생각할 수 있도록 하는 것이라고 생각한다. 공은 조직원에게. 탓은 내게 돌리자.

현재 내 재능은 나의 피나는 노력에 의해서 갖게 되었다고 생각하기 쉽다. 그러나 내 주변 환경 덕분이고, 시절 덕분이기도 하다. 누구나 세상에게 진 빚이 있다.

그 빛나는 재능은 이제 세상으로 흘려보낼 시간이다. 비우면 채워지는 것 또한 이치이니, 내가 세상으로 회향한 재능과 시간의 자리에는 평판과 마음의 평화, 높은 품격이 천국으로 자리할 것이다.

화광동진의 태도는 일상생활 속에 녹여낼 수 있다. 사회는 눈에 띄어야 인정받는다. 두각을 드러내야 승진한다. 영업은 튀어야 한다라고들 한다.

그러나 그렇게 할 때 주변의 시기, 질투가 있기 마련이다. 자기 밖에 모른다는 인식이 있으면 어려운 일이 생겨도 도와줄 사람이 하나 없다.

실력은 있는데 겸손하고, 다른 사람을 세워주고, 나설 땐 나서되, 과시하지 않는 사람은 시간이 지날수록 '저 사람은 진짜'라는 신뢰를 얻는다. 세상을 잘 사는 지혜이다. 티내지 않고 선한 영향력을 끼치는 방식이다.

매너와 분위기가 실력보다 더 중요한 자리가 많다. 생각없이 무심코 한 자랑의 말이나 행동이 누군가에게는 큰 상처나 피해가 될 수 있다. 같은 말이라도 아 다르고 어 다르기에 상대를 배려한 따뜻한 말은 화광(和光)의 방법이다.

자기 PR의 시대라 말하지만, 빈 수레가 요란하면 그 속은 금세 드러난다. 인생은 긴 마라톤과 같아 단거리 질주가 아니라 꾸준함이 중요하다. 실력을 차곡차곡 쌓되 겸손함을 잃지 않고, 타인을 배려하며 가장 낮은 자리에서 묵묵히 일하는 자세가 필요하다.

화광동진은 나를 완전히 숨기고 생각없이 눈치보며 바보처럼 살자는 말이 아니다. 속이 단단하여 어떤 일에도 흔들리지 않는 사람. 겉이 부드러워 화합할 수 있는 사람. 중심은 분명한데 말과 행동이 조심스러운 사람. 자기 빛은 있지만 다른 사람의 눈을 가리지 않도록 조절하는 사람이다.

상대의 눈높이에 맞출 때 비로소 함께 할 수 있다. 어려운 말, 고상한 말투가 아닌 상대가 쓰는 어휘에 맞춰야 한다.

늘 쉬운 말로 이해시키려 노력해야 한다. 상대가 이해하고 수용해야 성과를 같은 방향으로 실천할 수 있기 때문이다. 내가 아는 것은 중요하지 않다. 상대가 함께 아는 것이 중요하다.

어느 날 외국인 선생님이 '센터장님의 말은 너무 어려워요.' 라고 했다. 쉽게 설명한다고 생각했지만, 그녀가 이해하지 못할 것을 생각하지 못했다. 그녀가 이해하지 못한 말은 '그 밥의 그 나물' 속담이었다. 쉬운 속담조차 외국인에게는 어려울 수 있었다.

카멜레온은 세상의 빛과 색에 몸을 맡기듯 끊임없이 색을 바꾸며 살아남는다. 우리는 그것을 보호색이라 부르며 생존의 기술로 설명한다. 하지만 그 이름 속에는 자연을 바라보는 인간 중심의 시선이 담겨 있다.

자연에게 그것은 은신이 아니라 살아가기 위한 또 하나의 방식이며, 변화에 순응하는 지혜다. 어쩌면 생존이란 강해지는 것이 아니라, 상황에 맞추어 스스로를 조율할 줄 아는 능력인지도 모른다.

**핵심 의미**

뛰어남을 과시하지 않고, 옳음을 무기로 삼지 않으며, 어떤 곳에 있든 세상과 연결되는 삶을 살아간다.

**고사성어로 살아가기**

앞서 나갈 수 있더라도 타인과 보폭을 맞춘다.

**고사성어로 질문하기**

스스로의 빛을 증명하려고 애쓰고 있지는 않은가?

남들과 함께 간다는 것의 의미는 무엇인가?

## **상하동욕**(上下同欲)

---

上下同欲者勝

상하동욕자승

윗사람과 아랫사람이

같은 뜻과 목표를 품으면 승리한다.

**『손자병법』「모공」**

---

상(上) : 위 상 / 윗사람, 위에 있는 자

하(下) : 아래 하 / 아랫사람, 아래에 있는 자

동(同) : 같을 동 / 함께하다, 뜻을 같이하다

욕(欲) : 하고자 할 욕 / 바람, 뜻, 의지

자(者) : 사람 자 / ~하는 것

승(勝) : 이길 승 / 승리하다

위기 극복의 시기에 필요한 것은 상하동욕을 끌어내는 뛰어난 리더십이다.

나라의 운명이 풍전등화일 때 이순신 장군은 어떻게 모든 수하장병이 장군의 뜻에 함께 행동하게 했을까? 두려움을 이기고 이 세상 무엇보다 귀한 목숨을 걸고 거침없이 전투에 임하게 했을까?

후세들이야 거북선이 있었기 때문이라고 생각하지만, 같은 거북선을 가지고도 전멸한 원균도 있지 않은가. 이순신 장군의 뜻에 전 장졸이 심지어 인근의 백성조차 함께 하게 한 비결은 무엇이었을까?

장군은 단순히 지휘관 역할을 한 것이 아니었다. 솔선수범뿐만 아니라 병사 개개인의 신분을 초월한 인정과 존중을 통해서 가능하지 않았을까?

전투 중에 부상당한 병사와 노비들의 이름조차 일기에 기록하며 그 공로를 인정했다. 심지어 왕에게 보고서를 작성할 때도 전투에서 부상당한 노비인 이봉수의 헌신과 노력을 기록했다. 지금과 다른 엄격한 신분제도 사회였는데도 그러했다.

그 사실을 전해 들은 모든 병사들에게 얼마나 신선한 충격이었을지 상상해 본다. 노비도 그러한데 병사인 본인들이야 어땠겠는가. 모두 장군에게 인정받고 싶다. 자발적 신뢰와 헌신, 충성심이 생겼으리라.

신분을 넘어 능력에 따라 사람을 발탁했다. 나대용은 훈련원에서 일하던 일개 선박 기술자였다. 그의 능력을 알아보고, 조선 수군의 배가 일본 배의 공격 전술에 취약하다는 것을 파악하여 거북선을 만들게 하였다.

첫 전투에 나대용은 부상을 입으면서도 끝까지 전투를 이끌며 기대에 보답했다.

리더의 확고한 비전과 의지는 조직원들의 손과 발을 통해 현실이 된다. 이를 하나로 묶어 일심동체로 움직이게 하는 것은 리더의 인품과 전략이다. 상하동욕은 이러한 모든 조건이 갖추어졌을 때 비로소 가능하다.

상하동욕은 전쟁 같은 위기의 시기는 두말할 필요도 없다. 자잘한 평소 일상에도 조직장이 가장 먼저 염두에 두어야 할 단어다.

위와 아래 조직이 있는 곳이라면, 군인, 공무원, 회사, 가정 어느 곳이든 한 마음을 갖는 것은 성공적인 조직운영에 필수요소이다.

리더와 전 구성원이 같은 목표와 마음을 가질 때 원하는 성과를 얻을 수 있다. 목표는 장기적 성과일 수도 있고, 하루, 한 달의 단기 성과에 집중된 것일 수도 있다.

영업 조직장으로 한 달의 성과든 하루의 성과든 리더가 가진 목표를 가장 아래 조직까지 공유하도록 하는 것은 리더로서 늘 고민하는 일이다.

단기 목표일 때는 여러 방법으로 목표를 공유한다. 아침에 문자로 구체적이고 명확한 목표를 제시하고, 미팅에서 다시 반복한다. 각자의 관점에서 이익이 되는 부분을 풀이하기도 한다.

목표에 맞는 프로모션을 시행해 목표에 집중시키기도 한다. 맨투맨 면담으로 활동을 점검하고, 소통하고, 상담 성공율을 높이도록 도우며, 목표를 다시 공유한다. 시간으로 쪼개어 상황을 점검하고, 함께한다.

끝나는 시점까지 함께 하도록 리드하고 공유한다. 장, 단기적 성공에 상하동욕이 되려면 평소 조직과 신뢰가 우선이다.

역사 속 병사와 동고동락한 장수로 오기를 떠올리기도 한다. 위나라에서 오기는 30년 가까이 수많은 승리를 이끌었다. 그는 장군임에도 병사들과 함께 입고 마시고 잤다. 행군을 할 때도 말이나 수레를 타지 않고 직접 식량을 지고 다녔다.

병사가 종기로 고생하자 직접 입으로 종기를 빨아 주는 등 병사들의 고통을 자신의 것으로 여겼다. 진심이었을 수도, 전략이었을 수도 있다. 하지만 그로 인해 전군이 한 마음으로 전쟁에 승리할 수 있었다.

장군이 병사의 기쁨을 내 일처럼, 어려움도 내 일처럼 여기는데 뜻을 함께하지 않을 수는 없을 것이다. 병사들에게 깊은 신뢰와 단합을 심어주었다.

물이 위에서 아래로 흐르고, 작은 키의 아이와 눈을 맞추기 위해 허리를 굽힌다. 낮게 임하는 겸손한 자세가 있을 때 우리의 상하동욕이 가능해진다.

**핵심 의미**

강요된 복종이 아니라, 공유된 목적이 있을 때 조직은 비로소 하나의 몸처럼 움직인다.

**고사성어로 살아가기**

리더는 앞서 가되, 혼자 가지 않는다.
지시하기보다 왜 하는지를 설명한다

**고사성어로 질문하기**

우리는 지금 같은 목적을 보고 있는가?
이 결정은 이해된 명령인가, 단순한 전달인가?
나는 따르고 있는가, 아니면 공감하고 있는가?

## **숭본식말**(崇本息末)

---

崇本以擧其末

숭본이거기말

근본을 높이면 그 말단이 저절로 일어난다.

**『노자주』**

---

숭(崇) : 높일 숭 / 높이다, 숭상하다, 중시하다

본(本) : 근본 본 / 뿌리, 본질, 기본

이(以) : 써 이 / ~로써, ~하면

거(擧) : 들 거 / 일으키다, 세우다, 이루다

기(其) : 그 기 / 그것의

말(末) : 끝 말 / 말단, 지엽적인 것

노자의 철학에서 말하는 숭본식말(崇本息末)은 근본을 높이고 말단을 그치게 한다는 뜻으로, 노자 사상의 핵심을 간결하게 압축한 표현이다. 여기서 '본(本)'은 뿌리이자 근원이며, '말(末)'은 가지와 잎처럼 결과로 드러나는 현상이다.

숭본식말은 단순히 무엇을 버리고 무엇을 취하라는 선택의 문제가 아니라, 삶과 사물을 바라보는 인식의 기준을 바로 세우는 태도에 가깝다.

특히 '식(息)' 자는 흥미로운 해석의 여지를 지닌다. 그 의미는 그치다, 멈추다, 중지하다라는 부정적 의미로도 쓰이지만, 동시에 일으키다, 자라다, 번성하다, 살아가다라는 긍정적 의미로도 사용된다.

숭본식말은 두 가지 방향으로 해석될 수 있다. 하나는 지엽적인 것을 멈추고 덜어냄으로써 근본을 단단히 세운다는 뜻이고, 다른 하나는 근본을 충실히 북돋아 결과가 자연스럽게 무성해지도록 한다는 의미다.

뿌리가 깊고 넓게 뻗으면 가지와 잎은 억지로 키우지 않아도 스스로 자라나는 법이다.

아이의 공부를 예로 들어보자. 아이의 이해력과 문해력이 높아지면 학교 공부는 훨씬 수월해지고, 성적 또한 자연스럽게 따라온다.

이때 근본은 이해력과 문해력이고, 말단은 시험 점수나 성적표다. 그러나 많은 부모들은 성적이라는 결과에 먼저 매달려 문제집을 풀게 하고 학원을 전전하게 만든다. 아이가 이해하지 못한 상태에서 문제풀이만 반복한다면, 이는 숭본식말이 아니라 오히려 숭말식본에 가깝다.

이해력을 키우기 위해서는 아이의 수준에 맞는 흥미로운 책을 반복해서 읽게 하거나, 하나의 주제를 중심으로 다양한 관련 도서를 접하게 하는 것이 훨씬 효과적이다.

읽고 생각하고 질문하는 과정 속에서 언어 감각과 사고력이 자란다. 문제풀이는 개념을 이해한 뒤, 무엇을 알고 무엇을 모르는지를 점검하는 도구로 활용될 때 비로소 의미를 가진다.

이미 알고 있는 것을 확인하고 부족한 부분을 보완하는 단계에서 문제풀이는 유용하다. 그러나 문제집 자체가 목적이 되는 순간, 공부는 방향을 잃는다.

공부를 해결하기 위해 문제집 풀이에만 몰두하는 태도는 말단에 집착하는 모습이다. 성적에 대한 조급함을 잠시 멈추고, 이해력과 문해력이라는 근본에 집중하면 결과는 따라온다.

식(息)의 의미가 멈춤이자 성장인 이유도 여기에 있다. 불필요한 것을 멈출 줄 아는 태도가 오히려 성장을 가능하게 한다.

삶 속에서도 우리는 수많은 선택의 갈림길 앞에서 혼란을 느낀다. 무엇이 본질이고 무엇이 말단인지 구분하기 어려울 때가 많다.

이럴 때 숭본식말은 하나의 유용한 질문이 된다. 지금 내가 붙들고 있는 것은 근본인가, 아니면 방편에 불과한가. 어떤 이유로든 현실에 적용되지 않는 이론이라면 그것은 허상이거나, 아직 나의 이해가 충분히 닿지 않은 앎일 가능성이 크다.

그래서 나는 부족한 현재의 수준에서도 배운 것을 삶에 적용해보려 애쓴다. 고전은 그 과정에서 훌륭한 멘토이자 기준이 된다. 숭본식말은 삶의 복잡함 속에서 중심을 잡아주는 명쾌한 기준이다.

영업 현장에서도 숭본식말은 분명한 모습으로 드러난다. 특히 교육 영업에서는 더욱 그렇다. 진정성 있게 상품과 서비스를 설명하고, 고객이 구매한 콘텐츠를 제대로 활용할 수 있도록 돕는 관리가 근본이다.

책을 읽고 학습하는 과정에서 고객의 어휘력과 이해력, 문해력이 높아지고, 독서 자체를 즐길 수 있도록 돕는 것이 교육 영업의 본질이다.

이러한 과정을 성실히 수행할 때 고객의 만족도는 높아지고, 판매자에 대한 신뢰도 자연스럽게 쌓인다. 이것이 교육 영업의 숭본이다.

반대로 화려한 화술, 과도한 판촉물, 보여주기식 실적에 집착하는 것은 말단에 함몰된 모습이다. 충분한 니즈 파악 없이 무리한 상담과 판매를 반복한다면 단기적인 성과는 있을지 몰라도 신뢰는 오래가지 않는다. 목적을 잊은 채 방편만 쥐고 씨름하는 꼴이 된다.

결국 중요한 것에 선택적으로 집중하고, 중요하지 않은 것에는 과감히 관심을 거두는 태도가 필요하다. 시간과 에너지는 한정되어 있기 때문이다.

본질에 집중하는 사람, 본질에 집중하는 시간, 본질에 집중하는 조직과 함께할 때 삶은 덜 흔들린다. 숭본식말은 무엇을 더 가져야 하는지가 아니라, 무엇을 내려놓아야 하는지를 먼저 묻는 철학이다. 그리고 그 질문은 지금 이 순간에도 여전히 유효하다.

**핵심 의미**

근본을 바로 세우면 결과는 억지로 만들지 않아도 따라온다.

**고사성어로 살아가기**

결과보다 과정과 기초에 시간을 먼저 쓴다.
당장의 성과를 재촉하기보다 기본기를 쌓는다.
화려한 방편보다 꾸준한 본질의 반복을 선택한다.

**고사성어로 질문하기**

지금 내가 붙들고 있는 것은 근본인가, 말단인가?
성장을 위해 더해야 할 것은 무엇이고,
멈춰야 할 것은 무엇인가?

## **조명시리**(朝名市利)

---

朝名市利

조명시리

명성은 조정에서 논하고

이익은 시장에서 논하라.

**『전국책』 「진책」**

---

朝(조) : 아침 조 / 아침, 조정, 임금이 정사를 보는 곳

名(명) : 이름 명 / 이름, 명성, 명분

市(시) : 저자 시 / 시장, 사람들이 모여 거래하는 곳

利(리) : 이로울 리 / 이익, 실리, 이득

조명시리(朝名市利)는 내게 세상을 분별하는 눈을 가져야 함을 가르쳐 준 문장이다. 무엇이 옳고 그른가를 따지기 전에, 반드시 먼저 던져야 할 질문이 있다.

"지금 내가 서 있는 자리는 어디인가."

내가 있는 곳은 조정인가, 시장인가. 공적인 명분을 다투는 자리인가, 생활의 실리를 따지는 자리인가. 이 구분이 분명해져야 비로소 다음 행동이 결정된다. 기준이 없으면 판단은 흔들리고, 자리가 흐려지면 말과 행동은 어긋난다.

사람은 의외로 자주 자신이 서 있는 자리를 혼동한다. 시장의 언어로 조정에서 말하고, 조정의 언어로 시장에서 이야기한다. 실리를 따져야 할 자리에서 명분을 앞세우고, 원칙을 지켜야 할 자리에서 손익 계산부터 꺼내 든다.

그 결과는 대개 불신이거나 갈등이다. 말이 틀려서가 아니라, 자리가 맞지 않았기 때문이다.

무엇을 선택해야 할지, 무엇을 포기해야 할지 판단이 흐려질 때가 있다. 그럴수록 옳고 그름을 먼저 재단하려 들기보다, 조명시리의 가르침을 떠올려야 한다.

지금 이 문제는 조정의 문제인가, 시장의 문제인가. 이 질문 하나만 바로 세워도 혼란은 상당 부분 정리된다.

조정에서는 명(名)을 우선해야 한다. 명분과 공적 책임, 원칙과 기준, 신뢰와 평판을 중심에 두어야 한다. 손해가 따르더라도 지켜야 할 선이 있고, 당장의 이익보다 장기적인 정당성이 중요한 자리다. 명분의 문제라면 조정에서 논해야 한다. 가치와 방향을 세우는 자리에서 말해야 한다.

반대로 시장에서는 리(利)라는 이익을 외면할 수 없다. 비용과 효율, 지속 가능성과 실행 가능성을 냉정하게 따져야 한다. 감정이나 체면이 아니라 숫자와 결과로 판단하는 곳이다. 이익의 문제라면 시장에서 논해야 한다. 살아남고 지속하기 위한 계산을 피할 수 없는 자리다.

같은 사안이라도 어느 자리의 문제인가에 따라 말의 온도와 방식은 달라져야 한다. 조정에서의 말은 무겁고 느려야 하며, 시장에서의 말은 빠르고 명확해야 한다.

이 구분을 잃을 때 사람은 스스로를 곤란하게 만들고, 조직은 불필요한 혼란에 빠진다.

조명시리는 처세술이 아니라 인식의 기준이다. 옳은 말을 언제, 어디에서 해야 하는지를 가르치는 문장이다. 자리를 분별할 줄 아는 사람은 말이 가볍지 않고, 판단이 성급하지 않다.

세상을 잘 산다는 것은, 늘 옳은 선택을 하는 것이 아니라, 옳은 자리에서 옳은 질문을 던질 줄 아는 일인지도 모른다.

**핵심 의미**

먼저 '지금 내가 서 있는 자리'가 어디인지 구분하라

**고사성어로 살아가기**

먼저 명분의 문제인지, 이익의 문제인지 구분한다.

공적 자리에서는 원칙·신뢰·정당성을 우선한다.

같은 말도 자리와 목적에 맞는 방식으로 한다.

**고사성어로 질문하기**

지금 이 문제는 조정의 문제인가, 시장의 문제인가?

내가 이야기 할 핵심 무엇인가? 그 말이 상황과 어울리는가?

내 말과 행동이 지금 서 있는 자리와 맞는가?

# 3부
# 영업

박학강기(博學強記)
교부초래(教婦初來)
쇄소응대(灑掃應對)
알묘조장(揠苗助長)
배중사영(杯中蛇影)
동기상구(同氣相求)
격물치지(格物致知)
지소선후(知所先後)

# 박학강기(博學強記)

---

博學而篤志 切問而近思 仁在其中矣

박학이독지 절문이근사 인재기중의

널리 배우되 뜻을 굳게 세우고,

간절히 묻되 가까운 데서부터 깊이 생각하면,

그 속에 인(仁)이 있다.

**『논어』 「자장」**

---

박(博) : 넓을 박 / 넓다, 두루

학(學) : 배울 학 / 배우다, 학문

독(篤) : 도타울 독 / 두텁다, 굳다, 깊다

지(志) : 뜻 지 / 뜻, 의지, 지향

절(切) : 간절할 절 / 간절하다, 절실하다

문(問) : 물을 문 / 묻다, 질문하다

근(近) : 가까울 근 / 가깝다, 현실에 가깝다

사(思) : 생각할 사 / 생각하다, 사유하다

인(仁) : 어질 인 / 어짐, 사람다움

박학강기(博學強記)란 널리 사물을 보고 들어서 알며, 이를 잘 기억하는 상태를 말한다. 공부의 양과 저장 능력을 강조한 말이다.

비슷한 용어에 박학다식이 있다. 학식이 넓고 아는 것이 많음을 의미한다. 요즘은 아이가 서너 살만 되어도 좋고 싫음의 선호가 뚜렷하다. 어리지만 한 사람으로 존중받으며 성장하는 아이들을 보면 우리의 미래가 밝다.

부모가 아이들이 좋아하는 것을 선택하도록 존중해야 바람직하다. 그것이 편향된 것을 더욱 집중하게 만든다면 지혜가 필요하다.

며칠 전 대형 서점에 갔더니 부모님이 책을 사주려고 아이들과 함께 나들이한 많은 가족이 있었다. 의도하지 않게 여러 유형의 부모와 자녀의 대화를 듣게 되었다.

"글이 좀 많은 책을 골라. 너무 아이들 책 같지 않니?"

"이거 어때? 역사 재미있겠다."

"안돼. 한 권만 골라야 해. 좋아한다고 다 살수는 없어."

대형 서점에 와서 고른 책의 수준을 보면, 집에서 평소 아이가 읽는 책 종류와 수준을 알 수 있다. 서점 나들이에서 자녀가 고르게 한 책 한 권으로 아이의 독서 습관을 만들 수는 없다. 그건 평소 5대 영양소로 골고루 균형잡힌 식사를 하던 아이가 놀이 동산에 와서 한 번 맛있는 회오리 감자를 사먹는 것과 같다.
회오리 감자를 선택할지 구슬아이스크림을 선택할 지로 아이의 식사습관이 훈련되는가? 건강은 평소 식단에 달려 있다.
배추김치, 배추나물, 배추국, 김치 부침개로 상을 차리지는 않는다. 식품영양사가 아니어도 부모는 배추김치, 계란말이, 멸치볶음, 된장국으로 골고루 5대 영양소가 들어간 식단을 차리려고 애쓴다. 식사의 박학강기다.

독서 역시 언어, 사회, 과학, 예술 전 영역을 아이가 흥미로워하는 주제로 엮어서 읽힐 수 있다. 공룡을 좋아하는 아이는 공룡이 주인공인 창작책과, 공룡의 종류가 나온 과학책, 공룡이 살았던 시간, 지역으로 확장 독서할 수 있다.

부모는 아이가 좋아하는 것에서 시작하여 잘하는 것으로 확장하는 지혜가 필요하다.
유아기부터 편독이 아닌 다양한 영역의 독서로, 책의 바다에 적셔야 한다. 고기도 먹어본 사람이 잘 먹는다. 아는 것이 힘이다. 학습이 시작되면 만들어야 할 진주 목걸이를 위해 서 말의 구슬을 마련하는 과정이다.
부모는 통합 독서란 무엇인지, 초등학교에서 배우는 통합 교과서가 무엇인지 전체적으로 알고 있어야 한다.

이미 대한민국의 교육 과정은 박학강기의 독서 능력을 요구하고 있다.

아이의 독서만 그럴까? 모든 직업을 처음 시작할 때 성공적인 성과를 위해서는 박학하여 강기하는 것이 필수다.

의사가 되려면 전공과목을 정하기 전 인턴 과정에서 모든 과를 익히고 수련해야 한다. 체험해 보고 본인에게 맞는 전공 과목을 선택하고자 하겠으나, 전체 유기체로 돌아가는 사람의 생명을 다루는 의사로서의 첫 출발, 기본이기 때문이다.

영업도 그러하다. 처음 영업을 시작할 때, 신입 선생님은 아는 지인만 상담하려는 이도 있고, 반면 지인을 제외한 전혀 낯선 사람만 상담하려는 이도 있다. 가까운 곳만 상담하려는 이도 있다.

연고, 신규, 상담, 관리, 야외 홍보활동, 소개추천 어느 하나에 치중하지 않고 다 익혀야 한다고 강조한다. 가까운 곳뿐만 아니라 멀리도 상담 가보아서 거리개념 넓히기, 오후 늦게도 상담 가보아 시간 개념 넓히기, 부모의 교육 수준, 경제 수준 가리지 않기.

내 경험 그릇만큼 승진 후 사업을 크고 멋지게 할 수 있기 때문이다.

지국장이 물었다.

“상담가야 할 곳이 대중교통으로 1시간이 더 걸려요. 고객이 수업을 원하는데 차도 없는 선생님을 보내야 할까요? 싫어할텐데요.”

“고객 가리지 말기. 편식은 안 돼요. 편독은 안 돼요. 편고객 안 돼요. 다양한 고객을 만나면서 상담 실력을 갈고 닦을 수 있도록 훈련시키는 것이 매니저가 할 일이에요.”

혹독하게 훈련시켜 다져진 실력으로 보답하기. 우리의 일이 박학강기다. 널리 배우고 제대로 기억해야 한다. 높이 나는 새가 멀리 본다고 한다. 높이 날려면 넓게 기초를 확보해야 한다.

**핵심 의미**

처음에는 넓게 접하고, 충분히 경험하며, 그것을 몸과 기억에 남겨야 한다.

**고사성어로 살아가기**

처음부터 잘하는 것만 하려 들지 말고, 넓게 부딪히며 배우고 기억해야 한다.

가까운 것만 고집하지 않고 낯선 영역까지 경험해보자.

**고사성어로 질문하기**

익숙한 영역만 반복하며 새로운 경험을 피하고 있지 않은가?

넓게 배우되, 제대로 기억하고 정리하고 있는가?

# 교부초래(敎婦初來)

---

敎婦初來 敎兒嬰孩

교부초래 교아영해

며느리 교육은 시집왔을 때 바로 하라.

아이를 가르치는 일은 갓난아이 때 해라.

『**안씨가훈**(顔氏家訓)』

---

교(敎) : 가르칠 교 / 가르치다, 일깨우다

부(婦) : 아내 부 / 아내, 며느리

초(初) : 처음 초 / 처음, 시작

래(來) : 올 래 / 오다, 들어오다

아(兒) : 아이 아 / 아이, 자식

영(嬰) : 어릴 영 / 젖먹이, 갓난아이

해(孩) : 아이 해 / 어린아이

초등학교 때 집의 가훈 알아오기 숙제를 한 적이 있다. 아버지는 미용(美容) 미심(美心) 미행(美行)이라고 알려주셨다.

단정한 용모. 내게도 남에게도 아름다운 마음. 그에 걸맞은 행동이나 처신이다. 지금도 친정 거실에 아버지의 붓글씨로 크게 쓴 액자가 걸려 있다.

가훈이란 한 집안의 조상이나 어른이 자손들에게 일러주는 가르침이다. 가족의 가치관이나 삶의 방향을 보여준다. 회사에는 사훈이 있고 학교에는 교훈, 학급에는 급훈이 있다. 조직이나 단체에게 지향할 방향을 알려준다.

『안씨가훈(顔氏家訓)』은 혼란이 극심했던 중국 남북조 말기에 살았던 지식인 안지추가 자신의 경험을 토대로 자손에게 교훈으로 전하기 위해 쓴 책이다.

모두 20편으로 구성되어 있다. 자식, 형제, 아내 등 가정 내의 교육, 인격, 처신, 학문적 소양, 기예에 대한 내용과 삶을 어떻게 마무리할 것인가까지의 다양한 이야기를 다루고 있다.

옛 성현의 명언에 의존하여 좋은 말을 나열하기보다 대부분 자신이 일상으로 체험한 것과 직접 보고 들은 사건 등의 이야기로 구성하였다.

난세를 살아오면서 터득한 생존의 지혜, 가문을 보전하는 처세 방식, 역경 속에서 인간으로서 지켜야 할 품위를 잃지 않으려는 노력과 철학이 담겨 있다.

세상을 바라보는 균형 잡힌 관점과 시대를 뛰어 넘는 보편적 가치와 규범을 담고 있다.

**보통의 사람보다 지혜가 뛰어난 사람은 가르치지 않아도 성취하지만, 아주 어리석고 못난 사람은 비록 가르친다고 할지라도 더 나아질 것이 없다. 그러나 재능이 보통인 사람은 가르치지 않으면 알지 못한다.**

**아이가 사람을 알아보고, 남의 안색과 성냄과 기쁨을 분별할 수 있게 되면 곧 가르쳤다. 하라는 것은 하게 하고, 하지 말라는 것은 하지 않도록 했다.**

**내가 세상 사람들을 보니, 가르침은 없이 사랑만 하고, 매양 능히 그렇게 하지 못하고 있다.**

**공자는 "어릴 때 형성된 것은 천성과 같고, 습관에 의해 완성된 것은 자연처럼 된다."고 하였다. 또 속담에도 말하기를, "아이들은 엄마 품속에서 나와, 갓난 아이일 때 가르쳐야 한다"하였으니, 참으로 옳다.**

**- 『안씨가훈』 -**

각인은 동물이 본능적으로 지니는 행동 양식의 하나다. 태어난 지 얼마 되지 않은 한정된 시기, 즉 유전적 발현기에 상호 반응적인 환경이나 자극을 통해 습득되며, 한 번 형성되면 오래 지속되는 행동을 말한다.

동물학자 로렌츠의 각인 실험은 이를 잘 보여준다. 그는 아기 거위를 두 그룹으로 나누어 한 그룹은 어미 거위 곁에서 자라게 하고, 다른 한 그룹은 부화기에서 태어나 자신이 직접 키웠다.

부화 직후 처음으로 로렌츠를 본 거위들은 그를 어미로 인식했고, 이후 어디를 가든 로렌츠를 졸졸 따라다녔다.

결정적 시기란 각인이 일어날 수 있는 생애 초기의 민감하고도 짧은 시간을 뜻한다. 이 시기에 부모가 아이에게 건네는 손길과 눈길, 말투와 마음은 아이가 평생 지니게 될 정서의 기반이 된다.

뒤뚱거리는 걸음걸이, 혀짧은 목소리, 통통한 아기 얼굴은 그 자체로 너무도 사랑스럽다. 예쁘다는 이유로 무엇이든 허용하고 싶은 마음이 앞서기 쉽다.

그러나 바로 이때가 아기의 삶 전체를 좌우할 버릇과 습관을 만들어야 하는 시기이기도 하다.

'세 살 버릇 여든 간다'는 말처럼 습관은 운명이 된다. 습관은 저절로 만들어지지 않는다. 철저한 계획과 반복적인 훈련 속에서 형성된다.

세 살까지는 정서적으로 부모와 안정적인 애착관계를 맺는 것이 가장 중요하다. 그 단단한 기반 위에서 비로소 삶의 기본 교육이 이루어진다.

자신의 일을 스스로 하는 것, 옷 입기와 식사하기, 인사하기와 정리하기 같은 기본 생활 습관은 이 시기에 자리 잡아 평생을 따라간다.

과거에는 어른으로 성장한 여성인 며느리를 '아기'라고 불렀다. 새로운 집안과 문화에 적응시켜야 한다고 여겼기 때문이다.

오늘날처럼 부모 중심이 아닌 부부 중심의 삶에서는, 결혼 이후가 서로가 서로에게 배우고 적응해 가는 시간이 되었을 것이다. 그러나 '처음'이 중요하다는 원칙만큼은 변하지 않는다.

학교 선생님은 새 학년이 시작되는 첫 3월에 아이들과 만난다. 센터장은 부임 후 첫 석 달 동안 조직과의 조화를 이루기 위해 애쓴다.

처음 영업을 시작하는 선생님을 만났을 때도 마찬가지다. 첫 3개월을 어떻게 보내느냐가 그 사람의 전 영업 기간의 질을 결정한다고 해도 과언이 아니다.

보이지 않는 니즈를 찾아내고, 상대의 기질과 유형에 맞춰 인생 설계와 교육 전략을 세운 뒤, 될 때까지 꾸준히 반복하는 힘이 결국 사업의 크기와 깊이를 결정한다.

사람을 키우는 일도, 관계를 세우는 일도, 조직과 일을 만드는 일도 결국 '처음'이 평생의 방향과 질을 결정한다.

**핵심 의미**

사람에게는 결정적 시기가 있다. 그 시기에 무엇을 보고, 어떤 태도를 배우며, 어떤 방식으로 관계를 맺었는지가 평생의 방향을 만든다.

**고사성어로 살아가기**

어떤 일이든 교육의 타이밍을 중요하게 생각한다.

처음 만난 사람에게 어떻게 대하는지, 새로운 일을 맡았을 때 어떤 기준으로 움직이는지를 살펴보자.

**고사성어로 질문하기**

사랑이라는 이유로 필요한 훈련과 기준을 미루고 있지는 않은가?

새로운 관계와 일 앞에서, 나만의 행동 기준을 갖고 보여주고 있는가?

## 쇄소응대(灑掃應對)

---

教人以 灑掃應對 進退之節

교인이 쇄소응대 진퇴지절

사람을 가르칠 때는
청소하고 쓸며 정돈하는 일,
사람을 대하는 태도와 말,
나아가고 물러남의 절도를 가르쳐야 한다.

『**소학**』

---

쇄(灑) : 뿌릴 쇄 / 뿌리다, 청소하다

소(掃) : 쓸 소 / 쓸다, 정리하다

응(應) : 응할 응 / 응대하다, 대응하다

대(對) : 대할 대 / 마주하다, 상대하다

진(進) : 나아갈 진 / 나아가다

퇴(退) : 물러날 퇴 / 물러나다

절(節) : 마디 절 / 절도, 분수

쇄소응대의 쇄(灑)는 먼지 나지 않게 마당에 물을 뿌리는 것이다. 혹시 있을 주변 사람에 대한, 청소하는 나에 대한 배려와 존중이다. 소(掃)는 마당을 쓰는 것이다. 즉, 쇄소는 물을 뿌리고 마당을 청소하는 것을 말한다.

응대(應對)는 어른이 부르면 즉시 대답하는 관계상의 예절이다. 소학에서 공부를 배우기 이전에 아이가 집에서 해야 할 기본적인 행동을 가르쳤다.

이는 어린 아이에게 해당하는 이야기라기보다는 사회생활의 기본이자 첫 출발점이기도 하다. 내 몸가짐, 마음가짐, 주변 정돈과 인사하기, 상대의 요청에 즉시 공손하게 응대하기.

네 글자 속에 사회생활의 기본이 다 들어 있다. 고객의 감동을 얻어야 하는 영업의 첫 출발 역시 쇄소라는 청소다.

매일 아침 깨끗한 사무실, 복도, 책상, 컴퓨터 화면을 쓸고 닦고 고객 맞을 준비를 해야 한다. 고객에 대한 예의이다.

남들보다 늘 30분 먼저 출근하여 정수기, 제빙기를 닦고 쓰레기통조차 깨끗하게 물로 씻어 후배들을 맞이하는 선배 지국장님이 계신다. 쇄소응대이다. 덕분에 많은 어려움 속에서도 회사의 맑은 기운이 유지된다.

청소는 정리와 정돈으로 나눠진다. 비슷하게 느껴지지만 정리가 먼저다. 먼지를 털고 불필요한 물건들을 분류하여 버리고, 깨끗하게 닦는 것이 정리이다.

정리한 공간 속에 남아 있는 물건들을 필요한 목적과 용도에 맞추어 제자리에 두어 정돈한다. 청소는 마음을 다스리는 최고의 수양이며 복잡하고 어지러운 책상과 컴퓨터 속 화면은 나의 마음과 정신 상태를 반영한다.

물건을 버리고 쓸고 닦아 청소를 깨끗이 하고 나면 기분이 맑아지고 좋은 것을 다들 경험했을 것이다.

양자역학자들은 물질이 에너지라고 한다. 쓰지 않고 방치된 물건, 먼지 쌓인 구석에서 좋은 에너지가 방출될 리 만무하다. 내 욕심이나 분에 넘치게 가지고 있는 물건들을 돌아보자. 나의 책상 상태로 내 마음을 점검할 수 있다. 분리되지 않고 뒤죽박죽 함부로 넘어진 서랍 속 물건은 핵심과 지엽적인 문제를 분별하지 못하는 나의 무지에 이어져 있다.

언젠간 보겠지, 필요하겠지, 다시 쓰겠지 하며 버리지 못해 쌓여 자리만 차지하고 있는 옛 자료, 물건들은 역사가 아니라 제때 해결하지 않고 미루는 습관과 나누지 못한 나의 인색함과 닿아 있다.

직접 눈에 보이지 않는 컴퓨터 속 자료와 핸드폰 속 메모, 이름, 사진도 놓치기 쉽다. 같은 원리다.

왜 못 버리는지 나의 마음을 돌아보고, 마누라만 빼고 다 버리라는 어느 회사 회장님 말씀처럼 꼭 필요한 것만 남겨두고 정리하자. 인생이 가벼워지고, 마음과 머리가, 빈자리에 새로운 공기가, 지식이, 고객이, 관계가 살그머니 들어올 것이다.

새로운 관계를 맺는 방법이 응대이다. 사람을 응대하는 법은 매(雁)가 주인에게 잡은 짐승을 가지고 되돌아오는 마음(心)으로 해야 한다.

즉시, 빠르게, 공손하게, 순종하여 대해야 한다. 부모의 부름에, 아이의 요청에, 상사의 부름에, 직원의 요구에, 고객의 클레임에 신속하고 부드러우며 빠르게 응대해야 한다.

쭈뼛거리지 않고 큰 소리로 밝게, 웃으며 먼저 인사하기만 잘하더라도 사회생활 반은 성공이다. 한 번 본 고객은 이름을 기억하고, 경조사를 챙기고, 장점을 찾아 칭찬하며 항상스럽게 다가가야 한다.

직접 대면하는 것에서만 포함되지 않는다. 요즘의 응대는 많은 부분 SNS로, 휴대폰 카카오톡 속에서 이루어진다. 바로 앞에 상대가 보이지 않아 무분별해지거나 무례해질 수 있으나, 그 역시 나의 인격이 드러나는 것이다.

한 통의 전화 목소리를 통해서도 나를 드러낼 수 있다. 숏츠에 익숙한 고객들은 실시간, 즉시 빠르게 대답하는 것이 필수이다. 어떤 이유로도 기다려주지 않는다.

카톡에 즉시 답하기, 이모티콘으로 나의 공손함과 부드러움이 상대에게 전달되도록 예의 갖추기, 부재중 전화 확인 즉시 전화하자.

우주에 떠다니는 운석이나 우주 쓰레기처럼 SNS에 영원히 남아 떠돌게 될 내 말과 글들이 온라인 쓰레기가 되지 않도록 삼가고 신중하자.

쇄소응대(灑掃應對)는 기본중의 기본이다. 기본이 무너지면 아무리 능력이 뛰어나도 신뢰가 쌓이지 않는다.

**핵심 의미**

지식을 쌓기 이전에 먼저 갖추어야 할 삶의 기본 태도를 갖춰야 한다.

**고사성어로 살아가기**

아침에 출근해 가장 먼저 책상을 닦고, 화면을 정리한다.

사람을 만나면 먼저 인사하고, 빠른 피드백을 준다.

**고사성어로 질문하기**

내가 쓰는 공간을 존중하며 정돈했는가?

누군가의 부름과 요청에 즉시, 공손하게 응대했는가?

나아가야 할 때와 물러나야 할 때를 구분했는가?

## 알묘조장(揠苗助長)

---

宋人有閔其苗之不長而揠之者 芒芒然歸
謂其人曰 今日病矣 予助苗長矣
其子趨而往視之 苗則槁矣
송인유민기묘지부장이알지자 망망연귀
위기인왈 금일병의 여조묘장의
기자추이왕시지 묘즉고의

송나라에 어떤 사람이
자기 논의 싹이 자라지 않는 것을 걱정한 나머지
싹을 잡아당긴 사람이 있었다.
그는 몹시 지친 얼굴로 돌아와 사람들에게 말했다.
"오늘은 힘들었네. 내가 싹이 자라도록 도와주었네."
그의 아들이 달려가 가서 보니 싹은 모두 말라 죽어 있었다.

**『맹자』 「공손추** 上」

---

알(揠) : 뽑을 알 / 잡아당기다, 억지로 끌어올리다

묘(苗) : 모 묘 / 싹, 어린 식물

조(助) : 도울 조 / 돕다

장(長) : 길 장 / 자라다, 성장하다

민(閔) : 근심할 민 / 걱정하다, 가엾게 여기다

귀(歸) : 돌아갈 귀 / 돌아가다

위(謂) : 이를 위 / 말하다, 일러주다

금(今) : 이제 금 / 지금, 오늘

병(病) : 병들 병 / 병들다, 지치다, 괴롭다

여(予) : 나 여 / 나

추(趨) : 달릴 추 / 종종걸음치다, 급히 달려가다

왕(往) : 갈 왕 / 가다

시(視) : 볼 시 / 보다, 살피다

고(槁) : 마를 고 / 마르다, 시들다

알묘조장은 『맹자』에 나오는 이야기다. 맹자는 호연지기를 기르는 과정에서 조급하게 서두르거나 억지로 결과를 앞당기려 해서는 안 된다는 점을 이 비유로 설명했다.

성장은 도와줄 수는 있어도 대신해 줄 수는 없으며, 때를 무시한 도움은 오히려 성장을 망친다는 가르침이다.

책을 사러 온 고객이 아무런 자격 조건 없이 입사해 영업을 배우고, 샐러리맨으로 훈련받아 프로 영업인으로 성장하는 과정을 평생 지켜보았다. 대부분은 영업 경험이 전혀 없는 상태에서 출발한다.

누구에게나 가르칠 수는 있지만, 그렇다고 해서 곧바로 '안다'고 말할 수 있는 것은 아니다. 숙련의 과정은 언제나 본인의 몫이며, 그 시간을 대신 살아 줄 수 있는 사람은 없다.

그럼에도 현장에서는 뿌리도 내리지 않은 싹을 돕겠다고 잡아당기는 알묘조장의 장면을 자주 본다. 긴박하게 돌아가는 영업 현장에서 "지금 당장" 필요하다는 이유로 재촉하게 되고, 성격이 급한 사람일수록 기다림을 견디지 못한다.

그러나 혼자 해내야 할 시기와, 손을 잡고 첫 걸음마를 떼도록 도와야 할 때, 그리고 다시 손을 놓고 혼자 걷게 해야 할 때를 구분하는 일은 리더의 몫이다. 이 구분 앞에서 늘 고민이 필요하다.

알묘조장은 대개 상대에 대한 이해 부족과 결과에 대한 과도한 욕심에서 비롯된다. 조급한 마음으로 간섭하고 성공을 강요하면, 당장은 성과가 나는 듯 보일지 몰라도 결국 진짜 실력을 키울 기회를 빼앗는다.

각자의 성향과 기질, 배경지식과 경험이 다르기에 같은 가르침이라도 받아들이고 성장하는 속도는 모두 다를 수밖에 없다.

사람을 설득하는 일은 특별한 재능을 가진 소수만의 일이 아니다. 이 세상에는 영업이 아닌 일이 거의 없다. 그렇기에 훈련자는 각자의 속도를 존중하며 기다릴 줄 알아야 한다.

그 기다림이 없으면 훈련생은 실패와 좌절을 반복하게 된다. 서두르거나 강요하기보다, 상대의 성향에 맞춰 묵묵히 시간을 허락하는 태도가 필요하다.

알묘조장하지 않고 끝내 기다려 준 어머니의 대표적인 예가 바로 한석봉의 어머니다. 인내의 어머니로 불리는 그녀는 아들을 조급하게 재촉하지 않았다.

조선 중기, 신분제도가 엄격하던 시대에 양반가의 며느리가 장터에 나가 떡 장사를 한다는 것은 결코 쉬운 일이 아니었다. 홀어머니로서 집안을 일으켜야 했고, 가진 기대는 오직 아들 하나뿐이었을 것이다.

그럼에도 그녀는 아들을 절에 보내며 십 년의 공부를 약속했다. 아들이 공부를 마쳤다며 돌아왔을 때, 나라면 버선발로 뛰어나가 반겼을 것이다.

떡 판돈을 털어 따뜻한 밥상을 차렸을지도 모른다. 그러나 한석봉의 어머니는 호롱불을 껐다. 그리고 말했다.

"나는 떡을 썰 테니, 너는 글을 쓰거라."

공부를 한다면 이름이 타국에까지 알려질 정도는 되어야 한다는 묵묵한 기준, 그리고 그 기준을 말로 재촉하지 않고 기다림으로 보여 준 어머니였다.

알묘조장을 하지 않는다는 것은 아무것도 하지 않는 것이 아니다. 오히려 가장 어려운 선택, 기다릴 줄 아는 용기를 선택하는 일이다.

성장은 당겨서 앞당길 수 있는 일이 아니다. 싹은 스스로 자랄 때 거목이 될 수 있다.

**핵심 의미**

조급한 개입과 압박은 진짜 실력을 키울 수 없게 만든다.

**고사성어로 살아가기**

배우는 사람의 속도와 시기를 존중한다.

필요할 때만 손을 내밀고, 때가 되면 놓아준다.

단기 성과보다 장기 성장을 선택한다.

**고사성어로 질문하기**

나는 지금 돕고 있는가, 아니면 잡아당기고 있는가?

이 개입이 상대의 성장을 앞당기는가, 막고 있는가?

지금 필요한 것은 조언인가, 기다림인가?

# **배중사영**(杯中蛇影)

---

杯中蛇影

배중사영

잔 속에 비친 뱀의 그림자

『**진서**』「**악광전**」

---

배(杯) : 잔 배 / 술잔, 그릇

사(蛇) : 뱀 사 / 뱀

영(影) : 그림자 영 / 그림자, 비친 모습

잔 속에 비친 활의 그림자를 뱀으로 착각해 병이 들었다는 이야기에서 유래한 말로, 사실이 아닌 것을 사실로 오인해 스스로 불안과 화를 만들어내는 것을 뜻한다. 의심이 사실을 가리면, 없는 병도 생긴다.

괜한 걱정이나 쓸데없는 의심으로 지나친 걱정과 근심을 한다. 노루 제 방귀에 놀라고, 자라보고 놀란 가슴 솥뚜껑 보고 놀란다.

나를 불안하게 하는 어려움이 술잔 속에 비친 활 그림자일까? 아니면 진짜 뱀일까? 멈추어 생각해 본다. 인생에서 한 대부분의 걱정거리는 활의 그림자였다.

뱀이 아니라고 깨닫는 순간 걱정은 눈 녹듯 사라진다. 아무것도 아닌 것에 전전긍긍한 내가 우스워진다.

사실을 있는 그대로 보지 못하고 오해하는 이유는 무엇일까? 편견, 차별적 시각, 고정관념, 지레짐작, 무지, 두려움, 감정 등 여러 이유가 있다.

보고 싶은 것만 보고, 믿고 싶은 것만 믿는다. 그리곤 오해 속에 애를 태운다. 판단, 해석을 제외하고 있는 그대로 대상이나 현상을 보려는 의지가 필요하다.

오해로 병적 불안이 되는 경우도 있지만, 오해로 부푼 꿈을 꾸기도 한다.

상담을 끝낸 후 고객의 반응을 나에게 유리하게 오해하여 부푼 기대로 설레기도 한다. 기대나 감정은 내려놓고 사람들의 행동을 잘 해독해야 한다. 정확하게 판단해야 늦지 않게 대응할 수 있다.

쓸데없는 걱정이나 의심을 뜻하는 어휘에 기우와 노파심이 더 있다. 기우란 기인지우(杞人之憂)의 줄임말이다.

중국 기나라 사람이 하늘이 무너지고 땅이 꺼지면 어디로 몸을 피해야 하나 걱정에 사로잡혀 잠도 못 자고 음식도 먹지 못했다는 우화에서 나온 단어이다.

앞으로 일어날 가능성이 없는 일에 막연하게 하는 걱정이다. 막연한 불안이나 과도한 상상력에서 비롯된 걱정이다. 참, 걱정도 팔자다. 걱정이 반찬이면 상발이 무너진다.

노파심이란 늙은 할머니의 마음이란 뜻으로 필요 이상으로 남의 일에 걱정하고 염려하는 마음이다. 상대방이 잘못될까봐 걱정하는 마음의 과보호, 과잉친절이다.

상대를 위하는 마음이기는 하나 걱정의 부정적 마음 보다 믿어주고, 축원하는 것이 낫다.

걱정은 건강과 경제적 문제, 대인관계 등 구체적 상황에서 문제를 일으킨다. 전두엽이 부정적 암시를 반복하여 불안으로 전이될 때, 뇌는 코르티졸, 아드레날린 등의 스트레스 호르몬을 방출한다. 덕분에 걱정은 더욱 심화된다.

사람을 만나는 일을 하는 영업을 하며 작고 사소한 오해와 걱정, 불안을 키우는 경우가 많다. 심지어는 공황장애를 가진 영업인도 많이 본다.

걱정거리의 79%는 실제로 일어나지 않는다. 16%는 미리 준비하면 대처 가능하고, 걱정이 현실이 될 확률은 5% 뿐이다.

그 5%의 걱정거리도 나를 죽이지 못한다면 나를 더 강하게 만들 것이다. 니체는 고통을 성장의 계기로 받아들이며 스스로의 가치를 창조하라고 한다.

고통은 피할 수 없지만 그것을 견디는 방식은 선택할 수 있다. 고통을 건강하고 건설적으로 처리하는 태도가 중요하다.

걱정이 있을 때 우리가 취할 수 있는 여러 대처법이 있다.

첫째, 걱정거리를 글로 적어 본다. 자신의 생각을 객관적으로 진단하여 뱀인지, 화살인지 구별한다. 가장 중요한 대처법이다.

둘째, 정해진 시간 외에 걱정에 사로잡히지 않는 훈련을 해본다. 걱정이 떠오를 때마다 '나중에 퇴근하고 걱정하자.'라고 미룬다. 걱정을 다룰 수 있어야 한다.

셋째, 복식호흡, 명상, 요가, 운동, 산책 등으로 긴장을 완화시킨다.

넷째, 일어날 수 있는 최악의 상황을 가정하고, 내가 할 수 있는 대안을 마련한다.

79%의 일어나지 않을 걱정, 활의 그림자들을 잊어버리자. 16%는 유비무환의 지혜로 지나가자. 5%는 뱀 다루는 법을 통해 나를 성장시켜줄 은혜의 시간이다.

**핵심의미**

확인되지 않은 추측과 오해가 문제의 시작이 된다. 쓸데없는 억측으로 인생을 힘들게 하지 말자.

**고사성어로 살아가기**

격정이 생기면 먼저 사실인지부터 확인한다.

감정이 올라올수록 한 걸음 멈추어 되돌아본다.

**고사성어로 질문하기**

지금 내가 두려워하는 것은 실제 문제인가, 그림자인가?

내가 내린 판단에 감정이나 짐작이 섞여 있지는 않은가?

최악의 상황에 내가 취할 수 있는 현실적 대응은 무엇인가?

## **동기상구**(同氣相求)

---

同氣相求 同聲相應

동기상구 동성상응

기운이 같은 것은 서로를 찾고,

소리가 같은 것은 서로 응한다.

『**주역**』

---

동(同) : 같을 동 / 같다, 함께

기(氣) : 기운 기 / 기운, 성질

상(相) : 서로 상 / 서로

구(求) : 구할 구 / 찾다

성(聲) : 소리 성 / 소리, 말

응(應) : 응할 응 / 응하다, 화답하다

동기상구(同氣相求)는 같은 생각과 성향, 본질과 지향, 기운을 지닌 것들이 서로를 찾아 모인다는 뜻이다. 이 현상은 사람에게만 나타나는 것이 아니다.

사회와 자연, 물리와 화학 등 여러 영역에서 공통적으로 관찰된다. 같은 성질을 지닌 것끼리 결합하고, 다른 성질은 쉽게 결합하지 않는다.

한의학이나 마케팅에서도 이 원리를 응용한다. 흔히 말하는 '끼리끼리', '유유상종'이 바로 그것이다. 자석의 N극과 S극은 서로를 끌어당기지만, 자성이 없는 나무나 플라스틱은 끌어당기지 못한다.

군집 생활을 하는 동물들도 마찬가지다. 꿀벌은 꿀벌끼리, 말벌은 말벌끼리 모여 산다. 같은 먹이와 생활 방식, 사냥 형태를 지닌 무리끼리 함께 움직인다.

동일한 환경 속에서 생존 방식을 공유하기 때문에 세상을 바라보는 방식도 유사하다. 역할은 나뉘어 있어도 본질적으로는 '내가 너'와 다르지 않다.

자연계에서 다름은 때로 비효율이 된다. 비효율은 곧 생존의 위협이 되기도 한다. 사회적 동물인 인간 역시 동기상구의 원리 속에서 살아간다.

우리는 자연스럽게 나와 비슷한 생각과 취향, 목적을 가진 사람들과 어울리고 모임을 만든다. 취미 동아리나 정당 같은 조직뿐 아니라, 일상에서 우연히 만난 사람과 금세 가까워지는 현상도 같은 맥락이다.

동일한 울타리 안에서는 큰 노력 없이도 대화가 통하고, 편안함과 안정감을 느낀다. 즐거움과 효율이 동시에 높아진다. 동기상구가 과정이라면, 유유상종은 그 결과라 할 수 있다.

어쩌면 남녀가 첫눈에 끌리는 순간도 이 원리와 무관하지 않을지 모른다. 『이기적 유전자』에서는 생존에 유리한 방향으로 서로를 보완해 줄 상대에게 끌린다고 설명한다.

그러나 그 보완 역시 완전히 낯선 영역이 아니라, 같은 테두리 안에서의 차이를 메우는 방식일 가능성이 크다. 같은 크기의 원 반쪽은 다른 원 반쪽을 찾는다. 초록은 동색이다.

친구를 보면 그 사람을 알 수 있다고 말한다. 나 자신을 알고 싶은데 막막하다면, 내가 자주 만나는 사람들과 머무는 환경을 돌아보는 것이 하나의 방법이다.

현재의 상황이나 나 자신이 만족스럽지 않다면, 내가 찾아가는 장소와 관계의 결을 점검해 볼 필요가 있다.

다만, 나와 같은 색깔의 사람에게 끌리는 것은 자연스러운 현상이지만, 성장은 대개 다른 색을 만날 때 일어난다. 의도적으로 나와 다른 생각, 전공, 취미를 가진 사람과의 만남을 선택하면 새로운 자극이 생긴다.

『보왕삼매론』에서 내 뜻에 맞지 않는 사람을 원림으로 삼으라 한 이유도 여기에 있다. 막힌 데서 오히려 통하고, 통하려는 집착이 도리어 막힘이 되기도 한다.

성공을 위한 실천으로 이런 말을 권한다.

"하기 싫은 일, 하기 어려운 일, 이해되지 않는 일을 매일 한 가지씩 하라."

이는 내 성향과 실력, 수준을 넓히고 높이는 방법이다. 나와 다른 다양한 성향과 상황의 고객을 만날수록 시야가 넓어지고 성과의 폭도 커진다.

일이 아니었다면 만나지 않았을 사람들과의 만남은 나의 고집과 한계를 깨뜨린다. 영업이 어렵지만 값진 이유가 여기에 있다. 이나모리 가즈오가 일을 자기 수양의 과정으로 본 것도 같은 맥락이다.

세상에는 나와 생각과 취향이 다른 사람들이 훨씬 많다. 다름은 틀림이 아니다. 상대의 존재와 장점을 인정할 때 나 또한 인정받는다. 그 지점에서 공존이 가능해지고, 공동체의 평화가 만들어진다.

세모 반쪽과 동그라미 반쪽은 서로 정확히 맞물리지는 않는다. 그러나 큰 세모 안에는 작은 동그라미가 여러 개 들어갈 수 있다.

더 큰 테두리를 가진 사람이 리더이고 어른이다. 리더는 나와 다른 성향의 구성원을 배제하지 않고, 더 넓은 틀 안에 품어야 한다.

결국 선택의 문제다. 끌리는 사람들과의 편안함에 머물 것인가, 아니면 성장과 성숙, 더 큰 성과를 원할 것인가. 내가 되고 싶은 기운을 지닌 사람들을 의도적으로 찾아 나서는 것이 한 가지 방법일 것이다.

**핵심 의미**

같은 기운과 성향을 가진 것들은 자연스럽게 끌리고 모인다.

내 환경은 나의 수준과 방향을 비추는 거울이다.

**고사성어로 살아가기**

의도적으로 다른 생각과 사람을 만난다.

나와 다른 성향을 배척하지 말고 성장으로 받아들인다

내가 되고 싶은 기운과 수준의 사람들을 찾아 가까이한다.

**고사성어로 질문하기**

나는 지금 편안함만 선택하며 같은 울타리 안에 머무르고 있지는 않은가?

나의 인간관계는 나를 넓히고 있는가, 아니면 고정시키고 있는가?

## **격물치지**(格物致知)

---

格物致知 誠意正心 修身齊家 治國平天下

격물치지 성의정심 수신제가 치국평천하

사물을 바로 알아 지식에 닿고

뜻을 성실히 하여 마음을 바르게 하며,

몸을 닦아 집안을 가지런히 하고,

나라를 잘 다스려 천하를 평안하게 한다.

『**대학**』

---

격(格) : 격식 격 / 격식, 지위

물(物) : 물건 물 / 사물, 대상

치(致) : 이를 치 / 이르다, 이루다

지(知) : 알 지 / 앎, 지식

성(誠) : 정성 성 / 참되다, 성실하다

의(意) : 뜻 의 / 뜻, 의도

정(正) : 바를 정 / 바르게 하다

심(心) : 마음 심 / 마음

수(修) : 닦을 수 / 수양하다

신(身) : 몸 신 / 자신

제(齊) : 가지런할 제 / 바로잡다

가(家) : 집 가 / 가정

치(治) : 다스릴 치 / 다스리다

국(國) : 나라 국 / 국가

평(平) : 평평할 평 / 평안하게 하다

천하(天下) : 하늘 아래 / 세상 전체

격물치지(格物致知)란 세상 만물과 현상의 이치를 깊이 탐구하여 자신의 앎을 넓고 깊게 만들어 마침내 완전한 이해에 이르는 과정을 말한다. 눈에 보이는 겉모습에 머무르지 않고, 그 이면에 있는 본질을 파악하려는 태도다.

모든 사물에는 저마다의 고유한 이치가 있으며, 그 이치를 끝까지 탐구해 얻은 깨달음이 비로소 내면의 지혜가 된다. 이렇게 바른 앎에서 출발해 성의, 정심, 수신, 제가, 치국, 평천하로 나아간다. 쉽게 말해, 알아야 제대로 할 수 있다는 뜻이다.

사서삼경 중 하나인 『대학』은 삼강령과 팔조목으로 구성되어 있다. 삼강령은 명덕(明德), 신민(新民), 지어지선(止於至善)이며, 팔조목은 격물(格物), 치지(致知), 성의(誠意), 정심(正心), 수신(修身), 제가(齊家), 치국(治國), 평천하(平天下)다. 세상을 바로 세우는 출발점은 사물의 이치를 제대로 아는 데서 시작된다는 구조다.

격물치지는 일상에서 문제를 다루는 기본 자세이다. 영업 현장에서도 마찬가지다. 판매를 시작하는 초보자가 가장 먼저 해야 할 일은 자신이 판매할 상품을 정확히 아는 것이다.

유치원·초등 학습지나 도서를 다루는 우리 일의 경우, 고객으로 사용해 본 경험이 있는 사람도 많다. 그러나 '사용해 본 것'과 '설명하고 설득하는 것'은 다르다.

상품의 구성과 내용, 특장점, 출시 배경, 가격, 적용 연령과 효과, 판매 이후의 관리까지 다시 처음부터 낱낱이 공부해야 한다. 상품에 대한 철저한 이해가 첫 출발이다.

단순히 외우는 수준에 그치지 않는다. 어떤 교육 과정의 맥락에서 필요한지, 자사 다른 상품과 어떻게 연계되는지, 타사 유사 상품과 무엇이 다른지, 아이에게 어떤 변화를 기대할 수 있는지까지 궁리하고 연구한다. 실제로 내 아이에게 적용해 보고 반응을 묻기도 한다.

이렇게 대상의 본질과 맥락을 끝까지 파고드는 태도가 바로 우리의 격물치지다. 아는 것이 힘이라는 말은 이 지점에서 현실이 된다. 그다음 단계에서 비로소 고객을 향한 성의와 진심 어린 설득이 가능해진다.

아이들의 독서 습관에서도 격물치지를 적용할 수 있다. 예전에는 손에 닿는 대로 읽는 독서가 중심이었다면, 요즘은 하나의 주제를 중심으로 관련 책을 확장해 읽는 '주제 독서'를 권한다.

사회가 요구하는 창의·융합형 학습과도 맞닿아 있다. 유치원에서 동물을 배우는 기간이라면 집에 있는 동물 관련 책을 모두 꺼내 함께 읽을 수 있다.

소, 강아지, 닭 같은 익숙한 동물에서 시작해 분류, 서식지, 신체 구조로 확장하고, 관심이 이어지면 영어·중국어 자료로도 넓힐 수 있다.

주말에는 동물원을 방문하고, 귀가 길에는 개미나 나비, 이웃의 강아지를 함께 관찰해 본다.

아는 만큼 보이고, 보는 만큼 더 알고 싶어진다.

이렇게 시간의 축적 속에서 아이의 세계는 점점 깊어진다. 유아기부터 길러진 격물치지의 태도는 단순한 지식 습득을 넘어, 세상을 이해하는 방식 자체를 바꾼다.

사물의 겉을 넘어 이치를 보려는 습관이 자리 잡을 때, 배움은 시험을 위한 준비가 아니라 삶을 해석하는 힘이 된다.

그 힘이 결국 아이의 성장하는 미래를 만들어 줄 것이다.

**핵심 의미**

사물의 겉이 아니라 본질과 이치를 끝까지 탐구해야 진짜 앎이 된다.

**고사성어로 살아가기**

맡은 일과 대상에 대해 구조와 원리, 맥락까지 깊이 이해하려 한다.

단순 암기가 아니라 비교, 연결, 적용으로 지식을 확장한다.

**고사성어로 질문하기**

이 대상의 목적, 구조, 차별점까지 설명할 수 있을 만큼 알고 있는가?

## 지소선후(知所先後)

---

知所先後 則近道矣

지소선후 즉근도의

먼저 할 것과 나중 할 것을 알면

곧 도(道)에 가까워진다.

『**대학**』

---

지(知) : 알 지 / 알다

소(所) : 바 소 / 바, 대상

선(先) : 먼저 선 / 앞서다

후(後) : 뒤 후 / 나중

지소선후(知所先後)는 '무엇을 먼저 하고 무엇을 나중에 해야 하는지 안다'는 뜻이다. 즉근도의(則近道矣)는 그렇게 순서를 분별할 수 있으면 '도에 가까워진다'는 결론이다.

여기서 도(道)는 삶을 제대로 굴러가게 만드는 올바른 길, 흔들리지 않는 원칙, 그리고 성과로 이어지는 절차를 말한다.

사람은 보통 '무엇을 할지'는 안다. 문제는 '무엇을 먼저 해야 하는지'를 모른다는 데서 시작된다. 급한 일과 중요한 일이 뒤섞일 때, 눈앞의 불을 끄는 데만 몰두하면 뿌리가 흔들린다.

반대로 중요한 원칙만 붙들고 당장의 실행을 미루면 현실이 무너진다.

지소선후는 일의 기준을 알려주는 가르침이다. 지금 이 순간, 내 시간과 에너지를 어디에 먼저 써야 하는가를 분별하는 능력이다.

영업 현장은 늘 바쁘다. 이때 가장 흔한 실수는 '계약'이 먼저라고 착각하는 것이다. 교육 영업에서 먼저 우선되어야 하는 것은 신뢰다. 신뢰가 먼저 서야 설명이 통하고, 설명이 통해야 선택이 일어난다.

신뢰 없이 서두르는 설득은 강요로 들리고, 강요는 단기 성과를 만들지 몰라도 관계를 망친다. 지소선후를 아는 사람은 순서를 바꾼다.

먼저 듣고, 먼저 공감하고, 먼저 아이의 상황과 부모의 불안을 정리해 준다.

조직에서도 같다. 성과가 흔들릴 때 리더는 본능적으로 통제를 먼저 떠올린다. 관리 지표를 보고, 압박을 강화한다.

그러나 정말 먼저 점검해야 하는 것은 시스템과 환경이다. 교육이 충분했는지, 현장 지원이 있었는지, 목표가 현실적인지, 구성원의 역할이 명확한지, 무엇이 부족한지부터 확인해야 한다.

사람을 탓하는 말은 가장 빨리 나오지만 가장 늦게 해야 할 말이다. 지소선후를 아는 리더는 "누가 못했나"보다 "무엇이 잘못되었나"를 먼저 묻는다. 원인을 먼저 찾아야 처방이 서고, 처방이 서야 실행이 선다.

삶도 마찬가지다. 건강이 무너지고, 관계가 어긋나고, 일이 꼬일 때 우리는 '더 열심히'부터 시작한다. 그러나 많은 경우 먼저 해야 할 것은 멈춤과 정리다.

무엇이 중요한지 다시 세우고, 불필요한 것을 덜어내고, 최소한의 질서를 회복하는 일이다. 우선순위가 서면 마음이 덜 흔들린다.

도는 멀리 있지 않다. 먼저 할 것과 나중 할 것을 아는 순간, 이미 도에 가까워져 있다.

지소선후는 속도의 문제가 아니라 방향의 문제다. 빨리 가는 사람이 아니라, 먼저 해야 할 일을 놓치지 않는 사람이 멀리 갈 수 있다.

**핵심 의미**

우선순위를 분별하라.

무엇을 먼저 할지 아는 사람은 길을 잃지 않는다.

**고사성어로 살아가기**

바쁠수록 "지금 먼저 해야 할 한 가지"를 정하고 실행한다.

성과를 만들기 전에 '근본'을 먼저 생각한다.

**고사성어로 질문하기**

지금 내가 붙든 일은 '급한 일'인가, '중요한 일'인가?

내가 가장 먼저 해야 할 일은 무엇인가?

무엇이 핵심인가?

# 4부
# 교육

**인재시교**(因材施教)

**자리이타**(自利利他)

**인자무적**(仁者無敵)

**새옹지마**(塞翁之馬)

**홍익인간**(弘益人間)

**자강불식**(自強不息)

**사념동화 부소행현**(思念動畵 不逍行現)

**인과응보**(因果應報)

## 인재시교(因材施敎)

求也退 故進之 由也兼人 故退之

**구야퇴 고진지 유야겸인 고퇴지**

구는 물러나는 성향이 있어 나아가게 했고,

유는 사람을 압도할 만큼 앞서 나가므로 물러나게 했다.

**『논어』「선진」**

구(求) : 구할 구 / 공자의 제자 염구(冉求)

퇴(退) : 물러날 퇴 / 물러나다, 소극적이다

고(故) : 그러므로 고 / 그래서, 때문에

진(進) : 나아갈 진 / 나아가다

유(由) : 말미암을 유 / 공자의 제자 중유(仲由)

겸(兼) : 겸할 겸 / 겸하다, 지나치다

인(人) : 사람 인 / 사람을 압도하다, 독단적이다

퇴(退) : 물러날 퇴 / 물러나게 하다

주부가 자녀교육을 위해 아이의 교육 상품을 구매하려고 입사했다가, 교육 정보가 자녀교육에 실질적인 도움이 되고 책값도 벌 수 있어 '일'로 전환하게 되는 경우가 있다.

교원 일의 특성상, 선생님들에게는 영업의 알파에서 오메가까지 전 과정을 가르치고 함께 배워야 한다. 단순히 상품을 설명하는 법이 아니라, 고객을 만나고 관계를 만들고 신뢰를 쌓아 성과로 이어지게 하는 전 과정이 교육의 대상이다.

일을 시작하는 선생님들은 성격, 학력, 경험, 니즈가 모두 다르다. 머리로 충분히 이해되어야 비로소 현장에서 행동으로 옮길 수 있는 사람이 있는가 하면, 설명을 듣는 순간 감이 와서 바로 현장으로 나가는 사람도 있다.

경제적 여유가 있어 주변을 넉넉하게 바라보는 사람도 있고, 책값을 벌기 위해 시작했지만 어느새 가장으로서 생계를 책임지는 위치에 선 사람도 있다. 시작의 동기도, 지속의 이유도 제각각이다.

독서 육아를 이미 실천해 자녀가 주변의 주목을 받던 사람도 있고, 학습지조차 처음 접하는 사람도 있다. 성장 배경이 다른 외국인 선생님까지 포함하면, 이 조직은 말 그대로 다양한 삶의 결을 가진 사람들이 모인 공간이다. 이런 사람들에게 입사 후 동일한 방식으로 영업을 가르친다는 것은 애초에 무리다.

돈을 벌기 위해 반드시 해야 할 핵심적인 일은 직급마다 명확히 정해져 있다. 어린이 도서, 학습지, 외국어, 건강기능상품 등을 판매하는 선생님의 역할은 본인이 상품을 소개할 고객을 발굴하고, 그 고객에게 상품을 판매하는 것이다.

다시 말해, 가망 고객을 만드는 기술과 상품을 판매하는 기술, 이 두 가지가 핵심이다. 누구나 이 두 가지 기술만 제대로 익히면 교원 일을 통해 소득을 만들 수 있다.

회사는 이 기술을 배울 수 있도록 다양한 제도와 시스템을 마련해 두고 있다. 그러나 제도가 있다고 해서 모두가 같은 속도로 성장하지는 않는다. 현장과 제도 속에서 선생님을 가르칠 때는 반드시 맞춤 교육이 이루어져야 한다.

영업 조직 관리의 핵심이 맨투맨 영업인 것처럼, 신입 선생님에 대한 관리는 '아이를 키우듯' 세밀하고 지속적이어야 한다.

공자는 제자의 성격에 따라 같은 질문에도 다른 답을 주었다. 누군가에게는 부모님에게 먼저 물어보라 했고, 누군가에게는 지금 당장 행동하라 했다.

기준이 달라서가 아니라, 사람을 다르게 보았기 때문이다. 인재시교란 결국, 각자에게 다른 방법이 필요하다는 것을 인정하는 태도다.

요즘의 공부법 역시 같은 방향으로 변화하고 있다. 초등학교

교과서는 더 이상 1종의 국정교과서가 아니라 8종의 검정교과서 체계로 운영된다.

수학 문제를 풀 때도 한 문제의 결과에 따라 다음 문제가 달라진다.

틀린 이유가 연산인지, 개념 이해 부족인지, 단순 실수인지, 문제 이해력 부족인지를 분석해 각각에 맞는 문제를 제시한다. 아이들의 교과 학습에서는 이미 AI가 성과물을 분석해 다음 학습 경로를 안내하는 시대가 되었다.

그러나 우리가 만나는 사람의 마음속 상태, 성격, 욕구까지 AI가 대신 파악해 주지는 않는다. 관리자는 끊임없이 관찰하고 대화하며, 그 사람의 특성을 이해하고 분류해야 한다.

어디 일에서만 해당하는 이야기이겠는가. 세상의 모든 부모, 교사, 상사에게 필요한 능력은 상대를 파악하는 따뜻하고 세심한 시선, 그리고 될 때까지 포기하지 않고 맞춤형 교육을 실천하는 태도다.

누구에게나 같은 방식의 교육을 적용하던 시대는 지나가고 있다. AI 시대는 오히려 각자에게 맞는 교육으로 전환되는 시대다. 나무마다 햇빛을 받는 각도가 다르고, 같은 물을 주어도 자라는 속도와 방향은 모두 다르다.

어떤 나무는 그늘에서 더 잘 자라고, 어떤 나무는 강한 바람을 견뎌야 단단해진다. 인재시교는 이 단순한 사실에서 출발한다. 가르침의 옳고 그름보다 중요한 것은, 그 가르침이 그 사람에게 맞는가 하는 문제다.

오늘날 우리는 종종 '공정함'을 '같음'으로 착각한다. 같은 말, 같은 평가, 같은 기준이 공정하다고 믿는다. 그러나 사람은 같지 않다. 같은 환경에서도 받아들이는 깊이와 속도는 다르다.

조급하게 결과를 요구하면 사람을 망친다. 아직 뿌리가 내리지 않았는데 열매를 요구하면 나무는 부러진다.

인재시교에는 기다림의 미덕이 포함되어 있다. 성장에는 각자의 속도가 있고, 그 속도를 존중할 때 비로소 지속 가능한 성장이 가능해진다.

**핵심 의미**

사람은 모두 다르다.

가르침은 기준이 아니라 사람에 맞춰야 한다.

**고사성어로 살아가기**

같은 방식이 모두에게 통할 것이라는 착각을 버린다.

사람을 평가하기 전에 그 사람이 처한 조건과 성향을 살핀다.

나 자신에게도 맞는 속도와 방식을 찾는다.

**고사성어로 질문하기**

내게 맞지 않는 기준을 억지로 따르고 있지는 않은가?

내 주변 사람들에게 같은 잣대만 들이대고 있지는 않은가?

나와 타인을 성장시키는 적합한 가르침은 무엇일까?

# **자리이타**(自利利他)

---

自利利他

자리이타

스스로부터 이롭게 한 다음

타인을 이롭게 만들어라.

**- 불교의 가르침 -**

---

자(自) : 스스로 자 / 자기

리(利) : 이로울 리 / 이롭다, 이익, 이롭게 하다

타(他) : 다를 타 / 남, 타인

일반적으로 사람들은 자신만을 위하는 태도를 이기적이라 비판하고, 남을 위하는 일을 더 가치 있는 덕목으로 여긴다. 그러나 고전은 언제나 그렇게 단순하지 않다고 말한다.

이타(利他)는 미덕이지만, 그 이전에 반드시 선행되어야 할 것이 있다. 바로 자리(自利)다. 스스로를 바로 세우지 못한 상태에서는 진정한 이타가 가능하지 않다.

어느 시점에 서 있는가, 어떤 상태에 놓여 있는가에 따라 지금 집중해야 할 대상은 달라진다. 내게 힘을 모아야 할 때와, 이웃에게 그 힘을 나누어야 할 때를 구별하는 지혜가 중요하다.

자리(自利)에 집중하자는 말이 평생 이기적으로 살아도 된다는 변명은 아니다. 오히려 그 반대다. 아직 홀로 설 힘도 갖추지 못한 상태에서 남을 위하려는 태도는, 선의로 보일 수는 있어도 오래 가지 못한다.

내가 나 자신을 감당하지 못하는 상황에서 필요한 것은, 미안해하며 고개를 숙이는 것이 아니라 감사히 도움을 받고, 당당히 나를 세우는 일이다. 그 순간의 집중은 이기심이 아니라 생존이며, 성장이다.

자기가 홀로 서지도 못했는데 이타심을 발휘하려는 일은 때로 오지랖이 된다. 오늘 먹을 것이 없는 사람이 남에게 음식을 나눠주기는 어렵다. 모든 생명의 당위성은 존재를 온전하게 완성하는 데 있다.

아기가 태어나 부모의 사랑을 받을 때를 떠올려 보면 이해가 쉽다. 아기는 사랑을 받는 데 주저하지 않는다. 미안해하지도 않는다. 온전히 자신의 성장에 집중한다.

그러나 그 상태가 평생 지속되지는 않는다. 혼자 걷고, 혼자 먹고, 혼자 공부하고, 혼자 돈을 벌기 시작하면서 자연스럽게 부모로부터 독립한다. 자리에서 이타로 옮겨 가는 과정이다.

무언가를 처음 시작할 때도 마찬가지다. 입사 후 처음 영업을 배우는 사람에게는, 당분간 온전히 자신에게 집중하라고 가르친다.

배우고 익히는 것만으로도 에너지는 빠듯하다. 첫 세 달, 첫 삼 년에 나에게 집중하는 시간은 개인의 성장을 넘어 조직 전체의 성과를 좌우한다.

경주마가 속도를 내기 위해 눈가리개를 하고 앞만 보듯, 그 시기에는 옆의 많은 것들을 과감히 기회비용으로 내려놓아야 한다. 그래야 비로소 온 힘을 다해 앞으로 나아갈 수 있다.

문제는 이 순서가 뒤바뀔 때 일어난다. 남에게 나누어야 할 시점이 되었는데도 여전히 자신에게만 집중하는 경우가 있다. 반대로, 자리에 힘써야 할 시점임에도 준비되지 않은 상태로 이타를 말하는 것도 문제다.

부모에게서, 이웃에게서, 선배와 조직에게서 충분히 받았다면 이제는 베풀 줄 알아야 한다.

“나는 혼자 힘으로 여기까지 왔다”는 자만에 빠진 사람들도 있다. 성과를 위해 노력한 것은 사실이다. 하지만 지금의 성장과 성공에는 나의 노력만이 아니라, 보이지 않게 나를 두드려 준 수많은 외부의 손길이 있었다는 사실을 모르기 때문에 그런 말을 한다.

알을 깨고 세상으로 나올 때, 우리는 혼자 힘으로 깨어난 것 같지만, 사실은 안팎에서 끊임없이 두드림을 받는다. 회사와 동료, 선배들의 계획과 교육, 따뜻한 시선, 때로는 말없이 보내준 응원과 기도들이 쌓여 오늘을 만든다.

익은 벼가 고개를 숙이듯, 그 사실을 아는 사람은 자연스럽게 감사하게 되고, 받은 것을 세상으로 되돌리려 한다. 사회와 조직 속에서 완전히 혼자 살아가는 사람은 없다.

이타란 받은 복을 다시 세상으로 흘려보내는 일이다. 복이 선순환 구조를 이루도록 돕는 행위다. 그 선한 영향력은 나비효과처럼 돌고 돌아 결국 나에게 돌아온다.

자리와 이타는 선과 악의 문제가 아니라, 시점과 순서의 문제다. 내가 자리에 힘써야 할 때, 괜히 미안해하기보다 감사하자. 물이 위에서 아래로 흐르고, 가득 찬 곳에서 빈 곳으로 넘쳐흐르듯, 그것은 자연의 섭리다.

당당하게 도움받고, 자신의 성장과 성공에 집중하자. 나를 온전히 세우는 일 자체가 이미 복을 짓는 일이다. 그 자리가 충분히 채워졌을 때, 내가 받았던 은혜처럼 그것을 다시 세상으로 돌려보내자.

그 이타는 결국 성숙한 인격으로 돌아와, 또 다른 시작의 토대가 될 것이다.

**핵심 의미**

자기 자신을 먼저 이롭게 한 다음 남을 도울 수 있다.

**고사성어로 살아가기**

배워야 할 때는 나에게 집중한다.

받을 때는 미안해하지 말고 감사히 받는다.

나눌 수 있을 만큼 채워지면 자연스럽게 나눈다.

**고사성어로 질문하기**

나는 지금 채워야 할 시점인가, 나누어야 할 시점인가?

충분히 받았음에도 움켜쥐고 있지는 않은가?

성장과 나눔의 순서를 바르게 지키고 있는가?

# **인자무적**(仁者無敵)

---

仁者無敵於天下

인자무적어천하

어진 사람은 천하에 적이 없다.

『**맹자**』 「**진심**下」

---

인(仁) : 어질 인 / 어질다, 사람다움

자(者) : 사람 자 / ~하는 사람

무(無) : 없을 무 / 없다

적(敵) : 원수 적 / 적, 대적하는 자

천(天) : 하늘 천 / 하늘

하(下) : 아래 하 / 아래, 세상

어진 사람에게는 적이 없다. 인(仁)은 공자의 철학 사상에서 가장 중심이 되는 중요한 개념이다. 개인의 인격 수양에도, 조직의 리더가 갖추어야 할 자질으로서도 필수적인 덕목이다.

맹자는 공자의 학문과 사상을 체계적으로 점검했다. 측은지심, 수오지심, 사양지심, 시비지심이라는 네 가지 씨앗이 누구에게나 태어날 때부터 마음 속에 갖고 있다고 보았다.

타인의 불행이나 고통을 불쌍히 여기는 마음인 측은지심이 선한 본성 중 가장 근본이며, 이것이 삶에 드러나는 것이 '인'이다.

『맹자』에는 이런 이야기가 나온다.

양나라 혜왕이 맹자에게 물었다.

"우리 양나라는 한때 천하에서 가장 강한 나라였습니다. 이 사실은 선생께서도 잘 아실 것입니다. 그러나 과인의 대에 이르러 동쪽으로는 제나라에 패해 큰아들을 잃었고, 서쪽으로는 진나라에게 칠백 리의 땅을 빼앗겼으며, 남쪽으로는 초나라에게 큰 치욕을 당했습니다. 과인은 이 일을 부끄럽게 여겨, 죽은 자들의 원한을 씻고 싶습니다. 어떻게 하면 좋겠습니까?"

맹자가 대답했다.

“왕께서 백성에게 어진 정치를 베푸신다면 가능합니다. 형벌을 가볍게 하고 세금을 줄이며, 농사를 지을 수 있도록 돕고, 장정들에게는 농한기에 올바른 덕목을 가르치십시오. 안으로는 부모와 형제를 잘 섬기게 하고, 밖으로는 웃어른을 공경하게 하면, 비록 백성들이 나무 몽둥이를 들고 나선다 해도 진나라와 초나라의 강병들과 싸워 이길 수 있을 것입니다.

그러나 저 나라들은 농사철을 빼앗아 백성들이 부모를 봉양하지도 못하게 합니다. 그 결과 부모는 굶주리고, 형제와 처자식은 흩어질 수밖에 없습니다. 저들이 백성들을 도탄에 빠뜨릴 때, 왕께서 어진 정치로 그들을 구원하고 정벌하신다면, 어느 누가 감히 왕에게 대적하겠습니까?

그래서 옛말에 이르기를, ‘어진 사람에게는 천하에 적이 없다(仁者無敵於天下)’라고 한 것입니다.”

맹자는 민심을 얻는 인자한 정치를 베풀면 백성들이 스스로 따르고, 전쟁을 치르더라도 맞설 사람이 없게 된다고 설명한다.

이는 군사력의 많고 적음의 문제가 아니다. 창과 칼로 무장한 병력보다 더 강한 힘이 바로 사람의 마음이라는 뜻이다. 마음을 얻은 힘은 눈에 보이지 않지만, 가장 오래 가고 쉽게 무너지지 않는다.

영업 현장의 하루하루 역시 전쟁터를 방불케 한다. ‘No’라고 말하는 고객을 설득해 'Yes'로 바꾸어야 성과가 나온다. 그러나 그 성과는 한 번의 설득으로 끝나지 않는다.

고객의 감동이 이어져야 비로소 지속적인 결과가 된다. 하루하루 쌓이는 숫자들은 늘 긴장과 경쟁 속에 놓여 있다.

이럴수록 더 서둘러야 할 것 같지만, 오히려 반대다. 바쁠수록, 치열할수록 더 꼼꼼해져야 한다. 고객의 눈높이에 맞추고, 아이가 잘되는 데 초점을 두어야 한다.

힘든 일터에서 오랫동안 버틸 수 있는 이유는, 어떤 상황에 놓인 아이일지라도 그 성장을 진심으로 바라는 마음이 있기 때문이다.

현장에 존재하는 이 마음, 곧 측은지심이 있기에 사람은 다시 일어설 수 있고, 오늘도 그 자리에 선다.

진정한 힘은 사람을 이기는 데서 나오지 않는다. 사람을 얻는 데서 나온다. 어진 사람은 언제나 상대의 입장에서 생각한다. '나라면 어떨까'라는 역지사지를 멈추지 않는다.

개구리 올챙이적 시절을 기억하며, 상대가 겪는 어려움을 이해하려 애쓴다. 그 과정에서 자연스럽게 니즈를 발견하고, 그것을 해결하려는 방향으로 움직인다.

억지로 굴복시키지 않고, 함께 잘 살아가는 길을 찾는다. 상대의 이익이 곧 나의 이익이 된다는 사실을 알기에, 경쟁자는 협력자로 바뀐다. 적이 사라지는 이유는 내가 강해서가 아니라, 애초에 적을 만들지 않는 방식으로 살아가기 때문이다.

사람의 마음을 얻어 만들어진 성과는 쉽게 무너지지 않는다. 인(仁)을 지키며 살아가는 사람은 끝내 누구에게도 진정으로 패배하지 않는다.

위기가 올수록 더욱 단단해지는 보이지 않는 방패를 갖게 된다. 진짜 강함은 남을 쓰러뜨리려는 힘이 아니라, 남과 함께 갈 수 있는 힘에서 나온다.

**핵심 의미**

적을 이기는 일이 아니라 적을 만들지 않아야 한다.

**고사성어로 살아가기**

바쁠수록 상대의 입장에서 한 번 더 생각한다.

성과보다 사람을 먼저 얻는 방식을 선택한다.

경쟁자를 쓰러뜨리기보다 협력자로 만든다.

**고사성어로 질문하기**

나는 지금 사람을 얻는 방식으로 일하고 있는가?

오늘의 선택이 적을 줄이는 방향이었는가,

늘리는 방향이었는가?

## 새옹지마(塞翁之馬)

---

福之爲禍 禍之爲福 化不可極 深不可測也

복지위화　화지위복　화불가극　심불가측야

복은 화가 되기도 하고,

화는 복이 되기도 하니,

그 변화는 끝이 없고,

그 깊이는 헤아릴 수 없다.

『**회남자**(淮南子)』 「**인간훈**」

---

복(福) : 복 복 / 복, 좋은 일

위(爲) : 될 위 / 되다, 만들다

화(禍) : 재앙 화 / 화, 재앙

화(化) : 변할 화 / 변화, 바뀜

가(可) : 가할 가 / 가능하다

극(極) : 다할 극 / 끝, 극한

심(深) : 깊을 심 / 깊다

측(測) : 잴 측 / 헤아리다, 재다

인생의 길흉, 좋은 일과 나쁜 일은 여름날 끊임없이 밀려왔다 밀려오는 파도와 같다. 어떤 사람은 파도에 삼켜져 짠 물을 마시고, 어떤 사람은 파도 위에서 서핑을 즐기기도 한다.

새해가 되면 한 해의 힘들었던 모든 어려움을 날려 버리고 좋은 일만 가득하기를 소망한다. 자신에게 만이 아니라 지인들에게 풍성한 덕담을 건넨다.

흔히들 '대박 나세요~'라는 축원의 말이라 생각한 인사를 건넨다.

"복 많이 받으세요."
"날마다 좋은 날 되세요."
"모든 소망 다 이루세요."
"좋은 일만 가득하길 바랍니다."

복은 많이 받고, 돈도 많이 벌고 좋은 일만 가득하길 바란다. 그런데 이런 일이 현실에서 일어나면 정말 좋은 일일까?

사람들이 따스하고 화창한 햇살의 날씨를 좋아하지만, 365일 화창하기만 하고, 먹구름 낀 비 오는 날이 없다면 어떤 일이 일어날까? 우리의 금수강산은 곧 사막으로 변할 것이다.

식물이 자라서 열매를 맺으려는 여린 잎에게는 뜨거운 햇볕과 몸통을 흔드는, 심지어 뿌리를 뽑을 것 같은 비와 바람이 필요하다. 여름 한낮, 타는 듯한 작열하는 햇살이 식물을 무럭무럭 자라게 한다.

지금 나를 오그라들게 만드는 뜨거운 태양 같은 힘듦은, 뿌리가 뽑혀 떠내려 갈 것 같은 폭우는 나의 성장을 위한 우주의 섭리이다. 신의 축복이다.

중국 변방 근처에 천문에 능통한 사람이 살았다. 그 집의 말이 이유 없이 오랑캐 땅으로 도망갔다. 사람들이 그를 위로하자 '이 일이 복이 되지 않는다고 누가 알겠소?' 하였다.

몇 달이 흘러, 그 말이 오랑캐의 준마와 함께 돌아와 사람들이 그를 축하하자 '이 일이 화가 되지 않는다고 누가 알겠소?' 하였다.

집에 좋은 말이 많아졌고, 아들이 말타기를 즐겨했다. 그러나 말에서 떨어져 다리가 부러진 것을 보고 사람들이 위로의 말을 건넸다.

그 말을 듣고 다시 '이 일이 복이 되지 않는다고 누가 알겠소?' 하였다.

일년 후 오랑캐가 쳐들어와 젊은이들은 전쟁에 참여했지만, 다리가 부러진 아들은 전쟁터에 끌려가지 않았다.

오래전 학교에서 배웠던 새옹지마의 이야기다. 변방에 살던 현자는 세상의 이치를 아는 사람이었다. 그는 화에는 복이 기대어 있고, 복에는 화가 엎드려 있다는 사실을 알고 있었다.

눈앞에 드러난 결과만으로 세상을 판단하지 않았고, 하늘이 준비해 둔 복과 재앙을 사람이 어떤 태도로 맞이해야 하는지도 알고 있었다.

복이 찾아오면 기뻐하되 들뜨지 않고, 감사하되 조심하며, 스스로를 낮출 줄 알았다. 사람은 결코 혼자 살아가지 않는다.

이웃과 더불어 사회를 이루며 살아간다. 나에게 주어진 복 역시 나 혼자의 노력만으로 이루어진 것이 아니라, 보이는 손길과 보이지 않는 도움들이 겹겹이 쌓여 만들어진 결과임을 잊지 말아야 한다. 그래서 복 앞에서는 기쁨보다 먼저 감사가 나온다.

또한 나의 복이 누군가에게는 부러움이 되고, 선망이 되며, 때로는 질투의 대상이 될 수도 있다는 사실을 기억해야 한다.

기쁜 일이 생겨 환호성을 지를 때조차 주변을 한 번 더 살피는 이유다. 복을 누릴수록 태도는 더 조심스러워야 한다는 것을 새옹지마는 일깨워 준다.

반대로 나쁜 일이 닥쳤을 때도 마찬가지다. 슬픔이나 분노에 오래 머무르기보다, 한 걸음 물러서 평정심을 유지하며 해결책과 대안을 찾으려 해야 한다.

그 일을 하늘이 나를 성장시키기 위해 준 기회라고 받아들이면, 같은 상황도 전혀 다른 힘으로 다가온다. 감정에 휩싸여 있으면 눈을 뜨고도 보지 못하는 장님이 된다. 바로 옆에 내려온 동아줄조차 알아보지 못한 채 지나쳐 버린다.

힘을 내기 위해서라도 이렇게 생각해 본다. 지금 겪는 이 어려움은, 하늘이 내가 감당할 수 있다고 판단했기에 준 오디션이라고. 시간이 흘러 그것이 사실이 아니었음을 알게 된다 해도 괜찮다. 그 믿음 덕분에 버틸 수 있었고, 지나온 시간은 결국 보약처럼 나를 단단하게 만들었기 때문이다.

새옹지마는 감성적이고 감정에 쉽게 흔들리는 나에게, 중심을 잃지 않도록 붙잡아 주는 네 글자다.

기쁠 때는 경계하게 하고, 힘들 때는 희망을 놓지 않게 하며, 인생을 조금 더 평온하고 지혜롭게 건너가게 해주는 마법 같은 말이다.

### 핵심 의미

복과 화는 고정된 것이 아니라 서로 기대어 끊임없이 바뀐다.

인생의 어려움은 성장을 위한 섭리이자 통과 과정이다.

### 고사성어로 살아가기

좋은 일이 올수록 들뜨지 말고 감사하며 조심한다.

힘든 일이 닥치면 평정심으로 대응한다.

현재의 상황을 성장의 기회로 해석하며 견딘다.

### 고사성어로 질문하기

나는 지금 이 일을 복과 화 중 한 가지로 단정하지는 않은가?

이 상황이 나를 키우기 위한 과정일 가능성은 없는가?

기쁠 때와 힘들 때, 같은 태도를 유지하고 있는가?

# 홍익인간(弘益人間)

---

弘益人間

홍익인간

널리 인간 세상을 이롭게 한다.

『**삼국유사**』

---

홍(弘) : 넓을 홍 / 넓다, 크게 하다

익(益) : 더할 익 / 이롭게 하다, 이익

인(人) : 사람 인 / 사람

간(間) : 사이 간 / 세상, 인간 세상

홍익인간(弘益人間)은 단군 신화 속에 등장하는 오래된 말이지만, 그 뜻은 지금도 여전히 유효하다. 널리 인간 세상을 이롭게 한다는 이 네 글자는 막연한 이상처럼 보이지만, 곱씹어 보면 인간이 어떻게 살아가야 하는지에 대한 가장 현실적인 기준을 제시한다.

나 하나의 성공에 머무르지 않고, 나의 선택과 행동이 다른 사람에게 어떤 영향을 미치는지를 늘 자각하며 살아가라는 요청으로 읽힌다.

홍익인간은 나라를 세운 이념이자 공동체를 유지하는 원칙이었다. 이는 힘으로 다스리는 정치가 아니라, 이로움으로 사람을 모으는 방식이다.

누군가를 억누르고 위에 서는 것이 아니라, 함께 살아갈 수 있는 토대를 마련하는 것이 곧 통치의 핵심이라는 인식이다. 강함으로 지배하는 나라가 아니라, 이로움으로 존속하는 나라를 꿈꾼 철학이라 할 수 있다.

홍익(弘益)이란 말 그대로 널리 이롭게 한다는 뜻이다. 홍(弘)은 궁(弓)과 사(厶)가 합쳐진 글자로, 활을 힘껏 당기는 모습을 형상화한 글자다.

활시위를 당기면 팽팽하게 긴장이 쌓인다. 그 힘은 화살이 목표를 향해 멀리 날아가기 위한 준비다. 홍이라는 활에 익(益)이라는 화살을 올려 보내야 한다. 그것이 단군이 세우고자 했던 세상의 모습이었다.

활을 짧게 당기면 화살은 멀리 날아가지 못한다. 그러나 충분히 당기면, 화살은 먼 곳까지 도달한다. 그래서 모든 일에는 준비가 필요하다. 활을 당길 수 있는 힘과 충분한 화살, 그리고 분명한 목표가 갖추어져야 다음 단계로 나아갈 수 있다.

그렇다면 왜 '인(人)'이 아니라 '인간(人間)'일까. 인간이란, 홀로 존재하는 개인이 아니라 사람과 사람 사이에 놓인 존재이기 때문이다.

인간의 삶은 언제나 관계 속에서 이루어지고, 이로움 또한 관계를 통해 전달된다. 홍익인간은 개인 혼자만의 삶이 아니라, 사람 사이에서 일어나는 가치다.

일상에서의 홍익인간은 결코 거창하지 않다. 내가 맡은 일을 성실히 해 주변 사람의 수고를 덜어주는 일, 상대의 입장을 한 번 더 생각하는 태도, 나의 성취를 독점하지 않고 기꺼이 나누는 선택에서 시작된다.

이렇게 쌓인 작은 이로움은 신뢰가 되고, 그 신뢰가 모여 조직과 공동체의 안정으로 이어진다. 홍익인간은 먼 이상이 아니라, 오늘의 삶 속에서 매일 실천될 때 비로소 살아 있는 말이 된다.

**핵심 의미**

개인의 이익보다 사람과 사람 사이에 이로움을 넓혀야 한다.

**고사성어로 살아가기**

맡은 일을 성실히 해 다른 사람의 수고를 줄인다.

결정할 때 내 이익과 공동체의 이익을 함께 본다.

성취를 독점하지 않고 경험과 정보를 나눈다.

**고사성어로 질문하기**

지금 나의 선택은 누구에게 이로운가?

결과만 얻으려 하는가, 아니면 함께 좋아지는 방향을 찾는가?

내 말과 행동이 관계를 넓히고 있는가, 좁히고 있는가?

## **자강불식**(自強不息)

---

自強不息

자강불식

스스로 힘써 쉬지 않는다.

**『주역』**

---

자(自) : 스스로 자 / 자기

강(強) : 강할 강 / 강하다, 힘쓰다

불(不) : 아닐 불 / 아니다

식(息) : 쉴 식 / 쉬다, 멈추다

적자생존, 강한 사람이 살아남는다는 말과 살아남은 사람이 강하다는 말은 모두 일리가 있다. 여기에 한 마디를 덧붙이고 싶다. AI 시대에는 스스로 강해지는 사람만이 살아남는다.

정보가 특정 집단의 전유물이던 시절에는 강자가 정보를 독점했고, 그들이 사회의 승자였다. 그러나 인터넷과 네트워크가 전 세계로 확장된 지금은 상황이 달라졌다. 지식과 정보는 누구에게나 열려 있다.

성공과 실패의 책임이 점점 더 개인에게 돌아오는 시대다. 우리는 마음만 먹으면 세종대왕보다 더 많은 지식에 접근할 수 있다. 이제 부모 탓, 조상 탓으로 돌릴 여지는 점점 줄어들고 있다.

빛의 속도로 새로운 상품이 쏟아지고, 장마비처럼 새로운 지식이 밀려오는 시대다. 열린 마음으로 끊임없이 배우지 않으면 금세 뒤처진다.

노트북과 휴대폰이 자동 업데이트를 요구하듯, 지속적인 자기 업그레이드만이 생존의 조건이 되었다.

십 년 된 내 차의 내비게이션은 자동으로 갱신되지 않는다. 이미 준공된 다리를 달리면서도 한강 위를 배로 지나가고 있다고 안내한다. 낯선 길에서는 그 안내를 신뢰할 수 없어 운전자인 내가 외면하게 된다.

반면 휴대폰 속 내비게이션은 스스로 업데이트되며 자리를 대신한다. 세상의 기계와 시스템은 모두 자강불식을 실천하고 있는데, 정작 사람만 멈춰 서 있을 수는 없다.

돌칼을 든 부족이 강철 검을 가진 부족 앞에서 서서히 사라졌던 것처럼, AI로 무장한 시대에 아무 준비 없는 개인의 생존 확률은 낮아진다. 그래서 고전의 한 문장이 다시 또렷해진다.

자강불식(自强不息). 스스로 강해지되 그 과정을 멈추지 말라는 뜻이다.

이 말은 약 3천 년 전, 『주역』에 실려 전해 내려온다. 하늘의 운행처럼 쉼 없이 힘쓰는 태도, 창조적 변화와 강건함, 생명력과 진취성을 상징한다.

지도자는 하늘의 태양을 닮아야 한다고 했다. 태양은 한순간도 쉬지 않고 어둠을 걷어내며 만물이 자라고 결실 맺도록 돕는다. 구름이 가려도 제 역할을 멈추지 않는다.

그 꾸준함은 강요가 아니라 스스로의 존재 방식이다. 지도자의 자리에 있는 사람만이 아니라, 각자의 삶을 책임지는 모든 사람이 본받아야 할 태도다. 나는 내 삶의 지도자이고, 부모는 자녀의 첫 지도자다.

목표는 거창할 필요가 없다. 어제의 나보다 오늘 한 걸음 더 나아지는 것, 지난달의 나보다 이번 달의 내가 하나라도 더 나아지는 것이다.

苟日新 日日新 又日新
**구일신 일일신 우일신**

**진실로 하루 새로워졌다면,**
**날마다 새로워지고 또 날마다 새로워져라.**

치타처럼 빨라도 좋고, 달팽이처럼 느려도 좋다. 남과 비교하지 않고 자신의 속도로 가되, 멈추지 않는 것이 중요하다. 그것이 진짜 강함이다.

매일 10분 독서는 언젠가 30분이 되고, 어느 날은 하루 한 권으로 이어질 수 있다. 아침 3분 명상, 한 줄 기록, 하루 한 번의 감사, 먼저 건네는 밝은 인사, 만나는 사람에게 한 가지 칭찬하기.

출근길 계단 한 층 더 오르기, 고객 한 명 더 만나기, 전화 한 통 더 걸기. 이렇게 작고 소박한 행동의 지속성이 내 성장을 만들어낸다.

강함은 타고나는 재능이 아니라 지속적으로 축적되는 습관의 결과다. 쉼없는 변화와 성장으로 스스로를 강하게 만들어보는 시간이다.

**핵심 의미**

하늘의 운행처럼 쉬지 않고 스스로를 성장시키는 태도.
강함은 지속적인 자기 단련의 결과다.
꾸준함이 생존을 결정한다.

**고사성어로 살아가기**

매일 스스로를 업데이트한다.
남과 비교하기보다 어제의 나와 비교해 한 걸음 전진한다.
하기 싫고 어려운 일도 성장의 재료로 삼아 꾸준히 실행한다.

**고사성어로 질문하기**

어제보다 단 1%라도 나아지게 한 행동은 무엇인가?
멈추지 않기 위해 내가 매일 반복할 습관은 무엇인가?

## **사념동화 부소행현**(思念動畵 不逍行現)

---

思念動畵 不逍行現

사념동화 부소행현

자기가 원하는 것을 실제 움직이는 그림처럼 생각한다면,

사라지지 않고 실제로 현실에 드러난다.

**- 고전의 가르침 -**

---

사(思) : 생각 사 / 생각하다, 헤아리다

념(念) : 생각 념 / 마음에 두다, 기억하다

동(動) : 움직일 동 / 움직이다, 흔들리다

화(畵) : 그림 화 / 그림, 형상

소(逍) : 거닐 소 / 한가롭게 거닐다, 자유롭다

행(行) : 행할 행 / 행하다, 실행하다

현(現) : 나타날 현 / 나타나다, 드러나다

사람의 삶은 결국 무엇을 마음에 품고 사느냐에 따라 방향이 달라진다. 같은 시간과 같은 환경 속에서도 어떤 사람은 가능성을 보고, 어떤 사람은 한계를 본다.

겉으로 드러난 결과는 비슷해 보일지라도, 그 출발점에는 이미 다른 생각의 그림이 그려져 있다. 사념동화 부소행현이라는 말은 바로 그 보이지 않는 출발점을 이야기한다.

마음속에 그린 생각이 움직이기 시작하면, 그 기운은 사라지지 않고 결국 현실의 모습으로 나타난다.

사람은 눈으로 보기 전에 마음으로 먼저 본다. 이루고 싶은 목표, 되고 싶은 모습, 닮고 싶은 사람의 이미지를 마음속에 그려 두면 행동의 방향이 달라진다.

아직 아무 일도 일어나지 않았는데도 몸은 그 방향으로 움직이기 시작한다. 반대로 두려움과 실패의 장면을 반복해 떠올리면, 아직 오지도 않은 결과를 미리 포기해 버리기도 한다.

생각은 단순한 상상이 아니라 행동을 끌어내는 설계도와 같다.

현장에서 사람을 만나며 느끼는 것도 같다. 성과를 내는 사람은 먼저 자신의 모습을 마음속에 그려 둔다.

상담이 잘 이루어진 장면, 고객이 만족해하는 표정, 하루를 정리하며 스스로 뿌듯해하는 순간을 미리 그려본다.

그러면 말하는 방식이 달라지고, 눈빛이 달라지고, 준비하는 태도가 달라진다. 결과를 억지로 끌어오는 것이 아니라, 이미 마음속에서 한 번 살아 본 장면을 현실에서 다시 만나는 셈이다.

아이를 가르칠 때도 마찬가지다. 아이가 잘하는 모습을 먼저 믿고 그려 주면, 아이는 그 기대에 맞는 행동을 조금씩 배워 간다.

"넌 원래 잘하는 아이야."라는 말 한마디가 아이의 표정을 바꾸고, 그 표정이 다시 행동을 바꾼다. 사람은 타인의 기대 속에서 성장하기도 하지만, 무엇보다 스스로 마음에 그린 자기 모습에 맞추어 변해 간다.

그래서 교육은 지식을 채우는 일 이전에, 어떤 모습을 마음에 그려 주느냐의 문제이기도 하다.

막연한 바람은 쉽게 흩어지지만, 또렷한 그림은 오래 남는다. 사념동화 부소행현은 허황된 기대를 말하는 문장이 아니다.

마음에 그린 생각을 매일의 행동으로 옮길 때, 그 기운이 사라지지 않고 쌓여 현실의 결과가 된다는 뜻이다. 보이지 않는 생각이 보이는 성과로 이어지는 과정의 이름이 바로 꾸준함이다.

삶은 내가 어떤 장면을 마음속에 반복해 상영하느냐에 달려 있다. 두려움의 장면을 틀 것인가, 가능성의 장면을 틀 것인가.

마음속 화면을 바꾸는 순간, 말과 행동의 방향이 바뀌고, 그 작은 방향의 차이가 시간이 지나 큰 결과의 차이가 된다.

간절히 그리고 또렷하게 그린 생각은 사라지지 않는다. 그것은 언젠가 현실의 표정으로, 습관으로, 성과로 드러난다.

**핵심 의미**

생각은 행동의 설계도이다.

또렷하고 간절한 그림은 그리면 현실로 드러난다.

**고사성어로 살아가기**

이루고 싶은 모습과 하루의 장면을 구체적으로 그려 본 뒤 행동을 시작한다.

두려움의 상상 대신 가능성의 이미지를 반복해 익힌다.

마음에 그린 목표를 작은 실천으로 매일 확인하며 사라지지 않게 한다.

**고사성어로 질문하기**

나는 지금 어떤 장면을 가장 많이 떠올리며 살고 있는가?

내가 이루고 싶은 모습을 행동으로 한 가지라도 옮겼는가?

# 인과응보(因果應報)

---

因果應報

인과응보

원인에 따른 결과가 반드시 따르고,

행한 바에 맞는 보답이 돌아온다.

**-불교의 가르침-**

---

인(因) : 인할 인 / 원인, 까닭

과(果) : 열매 과 / 결과, 맺음

응(應) : 응할 응 / 응하다, 따르다, 마땅히 받다

보(報) : 갚을 보 / 갚다, 되돌려 받다

사람은 누구나 좋은 결과를 원한다. 그러나 결과만을 바라보고 정작 그 원인을 돌아보지 않을 때가 많다. 인과응보라는 말은 결과 이전에 반드시 원인이 존재한다는, 가장 단순하면서도 엄격한 원리를 일깨운다. 우연처럼 보이는 일들 속에도 이미 오래전부터 쌓여 온 선택과 습관, 그리고 태도의 흔적이 들어 있다.

세상은 축적의 법칙으로 작동한다. 오늘의 작은 말 한마디, 사소해 보이는 행동 하나가 시간이 지나 관계의 신뢰가 되기도 하고, 반대로 불신의 씨앗이 되기도 한다.

씨를 뿌리지 않고 열매를 기대할 수 없듯, 원인을 만들지 않고 결과만 요구하는 것은 순서를 거꾸로 세우는 일이다.

콩 심은 곳에 콩이 나고 팥 심은 곳에 팥이 나는 것은 자연의 이치다. 내가 콩을 심지 않고 팥을 바라기 시작하는 순간, 어긋남은 이미 시작된다.

인과응보를 떠올리면 사람은 조금 더 신중해진다. 지금의 선택이 언젠가 돌아올 결과의 씨앗이 되기 때문이다. 그래서 말과 행동 앞에서 한 번쯤 멈춰 생각하게 된다.

화가 치밀 때 내뱉는 한마디, 편의를 위해 넘기는 사소한 약속들이 훗날 어떤 모습으로 돌아올지를 헤아리게 된다.

한편으로 인과응보는, 당장은 보이지 않아도 올바른 방향으로 쌓아 온 노력은 결코 사라지지 않는다는 위로이기도 하다.

씨를 뿌린 뒤 곧바로 싹이 보이지 않는다고 해서 땅속에서 아무 일도 일어나지 않는 것은 아니다. 보이지 않는 시간 속에서 뿌리는 조용히 자라고 있음을 잊지 말아야 한다.

지금의 나를 만든 것은 과거의 선택이며, 앞으로의 나를 만드는 것도 오늘의 태도다.

좋은 결과를 바란다면 먼저 좋은 원인을 만들어야 한다. 삶은 우연의 연속처럼 보이지만, 실제로는 작은 선택들이 차곡차곡 쌓여 만들어 낸 필연에 가깝다.

지금의 현실이 마음에 들지 않는다면 과거의 선택을 돌아보고, 같은 흐름이 반복되지 않도록 오늘의 선택을 바꾸면 된다.

우리가 할 수 있는 일은 오직 오늘을 성실하게 살아내는 것, 그 하루의 원인을 바르게 심는 일뿐이다.

**핵심 의미**

모든 결과에는 반드시 원인이 있으며,

지금의 선택과 태도가 미래의 결과로 되돌아온다.

**고사성어로 살아가기**

결과를 보기 전에 오늘을 만든 원인이 무엇인지 점검한다.

**고사성어로 질문하기**

내가 원하는 결과에 걸맞은 원인을 지금 만들고 있는가?

오늘의 말과 행동이 1년 뒤 어떤 모습으로 돌아올까?

꾸준히 쌓고 있는 좋은 습관은 무엇인가?

# 에필로그

귀한 고전에 담긴 말씀을 생활 속에서 나름대로 이해하고 적용해 왔던 시간들을 글로 펼쳐 보았다. 돌이켜보면 나는 겁 없이 무언가를 알고 있다고 여겼다. 그것은 앎이 아니라 오만에 가까웠다.

잘 실천하고 있다고 스스로를 평가하며 작은 자부심을 품고 있었지만, 생각을 글로 옮기는 과정에서 내 이해가 얼마나 모자라고 얕았는지를 분명히 마주하게 되었다.

내 지식의 한계와 고정된 인식의 틀은 결국 나를 그 경계 앞에 세워 두었다. 성인들의 본래 뜻을 온전히 헤아리기보다는, 편의대로 축소하고 왜곡해 왔음을 이제는 안다.

고전을 안다고 믿었던 태도는 자부심이 아니라 자만심이었음을, 이 작업을 통해 비로소 인정하게 되었다.

혹여 나의 안내와 경험의 공유가 독자에게 원 뜻을 흐리게 하지는 않을지 걱정이 앞서기도 한다. 그럼에도 분명한 사실은, 이 글을 쓰는 동안 가장 큰 도움을 받은 사람이 바로 나 자신이었다는 점이다.

공부가 되었고, 막연하던 생각들이 조금씩 명료해졌다. 앎은 확장되었고, 잘못 알고 있던 부분들은 스스로 수정할 수 있었다.

여전히 고전을 글로 풀어내는 일은 조심스러웠으나, 이 시간은 분명 나에게 행복한 배움의 과정이었다. 나의 서툰 경험과 미완의 안내가 누군가에게 '그럴 수도 있지'라는 이해와 확장의 작은 단초가 된다면, 그 이상 바랄 것은 없을 것이다.

# 감사의 말

한결같이 응원해 주시고, 저보다 저를 더 믿어주신 이음과펼침 대표님 및 직원분들께 감사드립니다.

사랑하는 아버지 배병탁님, “너는 책을 밥 먹듯 찍어내냐.”라고 놀라시면서도 격려해 주심에 감사드립니다. 사랑하는 어머니 안철이 여사님, 그저 딸을 응원해 주시는 분께 감사드립니다. 사랑하고 든든한 남편 곽성순님, 고맙습니다.

작년입니다. 직장 생활을 성실히 하며 글을 쓰던 아들이 세 번째 책을 냈을 때 신기하고 자랑스러웠습니다. 그런데 작가를 꿈꿔본 적 없는, 25년 영업인인 제가 세 번째 책을 냅니다.

일하는 시간 외 나머지 모든 시간을 고스란히 녹여냈습니다. 행복한 시간이었습니다.

두 권의 책과 마찬가지로 이 책 역시 교원이 있어 가능했습니다. 반강제적으로 책을 받아 독자가 되어 주고 계신 많은 분들께 감사드립니다.

여러분께 이야기를 건네듯 썼기에 이 책이 나올 수 있었습니다. 이 책 내내 함께해 주셨습니다. 감사합니다.

溫故而知新 可以爲師矣
온고이지신 가이위사의

옛것을 익혀 새것을 알면
스승이 될 수 있다.

-『논어』-

# 옛 글로 세상 읽기

초판 1쇄 발행 2026년 2월 25일

지은이 배경혜
펴낸이 권지현
펴낸곳 이음과펼침
책임편집 이음과펼침 편집부

출판등록 2025년 7월 21일 제2025-000129호
주소 서울시 서초구 양재동 392-3, 202B
이메일 connectnbloom@gmail.com
원고투고 connectnbloom@gmail.com
홈페이지 www.connectnbloom.com

ISBN 979-11-24329-06-1(03150)

· 가격은 뒤표지에 있습니다.

· 파본은 구입하신 서점에서 교환해 드립니다.